Volkesstimme

JODOCUS DONATUS HUBERTUS TEMME

Veröffentlicht in 1859

TABLE OF CONTENTS

VOLKESSTIMME

VOLKESSTIMME

Im Zwielichte des Abends mitten in einer Heide, in wildfremder Gegend sich verirren, nicht wissen, ob man, um wieder aus den rechten Weg, um wieder zu Menschen zu kommen, rechts oder links, vorwärts oder rückwärts gehen muß, Niemanden sehen, der Einem das sagen kann – es ist für einen Reisenden eben keine angenehme Lage.

Ich war in der Lage. Schon seit einer halben Stunde war ich in der Heide gefahren, und noch war das Ende der kahlen Fläche nicht zu sehen, auf der nur Heidekraut und nur hin und wieder eine kleine verkrüppelte Fichte stand. Desto mehr Wege waren zu sehen; aber eine befahrene Landstraße war nicht darunter. Es gab freilich überhaupt in der Gegend keine Landstraße, in der ich hätte weiter fahren können oder müssen. Nur Wege, die kreuz und quer durch die Heide liefen, auf denen die an diese grenzenden Bauern des Jahres ein paar Mal Torf oder Plaggen oder Holz von drüben holten, lagen vor, neben und hinter mir.

„Hole der Teufel eine solche Heide, Herr!" fluchte mein Kutscher unwillig.

„Kommen wir damit weiter, Kutscher?"

„Und heute Morgen sind wir gar nicht hierher gekommen."

Ich hatte eine amtliche Geschäftsreise gemacht und war auf dem Rückwege nach Hause. Der Rückweg sollte derselbe Weg sein, den wir am Morgen gekommen waren. Wir waren auch diesen Morgen durch die Heide gefahren, aber in dieser hatten wir uns jetzt verirrt.

„Nein, Kutscher; heute Morgen fuhren wir einen ganz anderen Weg."

„Und keine einzige verd– Christenseele ist in der Nähe, die uns wieder auf den rechten Weg zeigen könnte."

„Nicht einmal ein unschuldiger Gnom, Kutscher."

„Gnom, Herr? Hier in der Gegend wohnen nur Bauern."

„Oder Erdmännchen denn; in Litthauen nennt man sie Barstucken." Ich hatte früher mehrere Jahre in Litthauen als Beamter gestanden; daher die Erinnerung.

Bei dem Worte Erdmännchen hatte der Kutscher aufgehorcht. Bei dem fremden Worte Barstucken mochte es ihn gar etwas durchschauern. Es fing an zu dunkeln, und wir waren mitten in der unabsehbaren Heide. Er sah sich scheu um, in dem Heidekraute, das in dem Abendwinde raschelte, nach einer Reihe jener kleinen, verkrüppelten, grauen Fichten, die nicht weit von uns standen und durch die man einzelne Windstöße schwirren hörte.

„Herr, sprechen Sie hier nicht von Gespenstern."

„Wißt Ihr gewiß, Kutscher, daß die Erdmännchen Gespenster sind?"

„Alle Welt weiß es."

„So wollen wir lieber von dem langen Heidemanne sprechen, der Siebenmeilenstiefeln trägt –"

„Herr, Herr – ich bitte Sie –"

„Und der also in diesem Augenblicke noch volle sieben Meilen von uns ist und im nächsten Momente, ehe man sich nur umsehen kann –"

„Herr, um Gotteswillen –"

„Einem schon den rechten Weg zeigen kann."

„Ah, Herr, wie Sie Einen in Angst jagen können!"

„Er kann Einem aber auch eben so geschwind den Hals umdrehen."

„Großer Gott, Herr –" Er schrie auf, aber mit gedämpfter Stimme.'

„Was gibt's? Ist er schon da?"

„Dort, dort!"

Er zeigte nach der Fichtenreihe, die nicht weit von uns stand, und war leichenblaß geworden. Ich sah hin nach der Richtung, wohin er zeigte; aber mir ging das Herz vor Freude auf.

„Vortrefflich! Da sind wir auf einmal aus aller Noth; der kann uns den rechten Weg zeigen."

„Sie wollen doch nicht hin, Herr?"

„Warum nicht?"

„Der Mensch war so auf einmal da, hier mitten in der Heide; wir hatten vorher nichts von ihm gesehen. Und wie sieht dieser Mensch aus!"

„Er sieht aus, wie andere ehrliche Menschen. Und daß er ein ganz ehrlicher Mensch ist, habe ich heute erfahren."

„Sie kennen ihn?"

„Ich habe heute Amtsgeschäfte mit ihm gehabt."

Der Kutscher athmete wieder auf. Ich wollte zu dem Manne gehen, den ich zwischen den Fichten gesehen hatte; aber auf einmal stutzte ich.

„Was Teufel ist denn das?"

Der Kutscher war wieder blaß geworden. „Es war doch ein Geist, Herr."

„Aber ich hatte den Menschen erkannt."

„Die bösen Geister können alle Gestalten annehmen." Ich hatte ganz deutlich einen Menschen gesehen, einen kleinen, alten Mann in grauem Rock und grauer Pelzmütze, und in ihm einen Bauer wiedererkannt, mit dem ich bis vor anderthalb oder zwei Stunden noch amtlich verhandelt hatte; so glaubte ich wenigstens. Aber als ich jetzt zu dem Manne hingehen wollte, war er plötzlich verschwunden, eben so plötzlich, wie er wenige Augenblicke vorher mitten in der Heide aufgetaucht war. Und so sonderbar war er verschwunden. Die Fichten standen so vereinzelt und waren so klein und so dünn, daß auch der kleinste und dünnste Mensch sich nicht hinter ihnen verbergen konnte, und doch war keine Spur von ihm zu sehen. Dem Kutscher, der an kleine Erdmännchen und lange Heidemänner mit Siebenmeilenstiefeln glaubte, hätte wohl ängstlich werden können.

„Ich muß doch wissen, was das war," sagte ich.

Ich wollte meinen Weg zu den Fichten fortsetzen, aber der Kutscher warf sich mir entgegen und hielt mich zurück. „Machen Sie kein Unglück, Herr."

„Es war doch ein Mensch."

„Es war ein Heidegespenst."

„Es war Jemand, und wir müssen wieder auf den rechten Weg."

„Sie haben den rechten Weg verloren?" fragte eine fremde Stimme hinter mir.

Was war das wieder? War denn wirklich in dieser kahlen Heide der Teufel mit seinen Gespenstern los, um schon bei dem anbrechenden Abende ihr höllisches Spiel zu treiben? Der Kutscher war fast zehn Schritt zurückgeflogen. Ich drehte mich überrascht um. Ein großer, fremder Mann stand vor mir; er trug die gewöhnliche Bauerntracht der Gegend und konnte in der Mitte der dreißiger Jahre sein, vielleicht auch ein angehender Vierziger. Es war ein hübscher, beinahe schöner Mann. Aber in oder über jedem Zuge des schönen Gesichtes lag etwas, das unwillkürlich zurückschreckte. Was es war, konnte ich mir nicht sagen. Der Mann kam mir nur so entsetzlich finster und unheimlich vor. That es die Ueberraschung? Die plötzliche Begegnung in der einsamen Heide, in dem zweifelhaften Zwielichte?

„Wir haben uns verirrt," antwortete ich ihm.

„Woher kommen Sie?"

Ich nannte ihm den Ort. Es war ein Dorf, in dem ich meine Amtsgeschäfte gehabt hatte.

„Und wohin wollen Sie?"

Ich nannte ihm auch den Ort. Es war die Stadt, in welcher das Criminalgericht, dem ich vorstand, seinen Sitz hatte.

Einen Augenblick kam es mir vor, als wenn etwas in ihm aufzuckte. Doch er fuhr kalt und ruhig fort: „Sie müssen diesen Weg nehmen. Da hinten an jenem Haufen hoher Eichen kommen Sie aus der Heide."

7

Er zeigte auf einen der sich vor uns kreuzenden Wege, dann nach einer Gruppe hoher Bäume, die in der Ferne in dem letzten Schimmer des westlichen Horizontes noch schwach zu erkennen waren.

„Sie können nicht fehlen, wenn Sie die Bäume im Auge behalten," sagte er noch.

Indem er das sagte, machte er Kehrt in die Heide hinein. Ich rief ihm meinen Dank nach. Er lüftete seine Mütze, ohne sich umzusehen, und ging weiter.

„Gott sei Dank!" athmete der Kutscher auf.

Auch mir war es wie leichter auf der Brust geworden. Der Fremde war zuvorkommend gewesen; er hatte mich aus einer großen Verlegenheit befreit. Er hatte, wenn gleich kurz, doch mit einer gewissen Höflichkeit gesprochen. Aber jener finstere Geist, der aus seinen Zügen sprach, hatte mich nun einmal wie ein unheimlicher Dämon gepackt, und dann mußte ich daran zurückdenken, daß es plötzlich in seinem Gesichte zuckte, als ich ihm den Ort nannte, wohin ich wollte, und ich meinte, er habe mich seitdem verstohlen und mit so sonderbar lauernden und verdächtigen Blicken angesehen. Indessen, wir wußten jetzt den rechten Weg.

„Voran, Kutscher."

„Den Weg, den uns der Mensch gezeigt hat?"

„Warum nicht?"

„Ach, Herr, der Mensch, wenn er kein Heidegespenst war, gehört sicher zu der gefährlichen Bande, die gerade hier in der Gegend ihr Handwerk treibt."

„Wer weiß hier von einer solchen Bande?"

„O, Herr, das wissen Sie besser, als ich."

Er hatte Recht, vielleicht auch Unrecht. Aber wir mußten nun einmal fort.

„Wißt Ihr einen bessern Weg, Kutscher?"

„Ich weiß leider Gottes gar keinen mehr."

„Also voran, in der Heide können wir nicht bleiben; jedenfalls wird der Weg uns zu Menschen führen."

„Aber zu was für Menschen, Herr? Wenn sie aussehen, wie dieser!"

„Dieser sah ganz reputirlich aus."

„Gott sei bei uns! Mir ging es bis in die Knochen, wenn ich ihn nur ansah."

Er mußte voran fahren. Ich war vorhin, als wir den verlorenen Weg suchten, ausgestiegen. Ich stieg wieder ein.

Unser Weg führte uns an jenen Fichten vorbei, an denen so plötzlich der kleine Mensch verschwunden war, den wir so plötzlich dort hatten auftauchen sehen. Ich bog mich aus dem Wagen, um mich, jetzt in der Nähe, nach ihm umzuschauen. Und auf einmal war er wieder da, unmittelbar neben dem Wagen. Plötzlich war er hinter einer kleinen Fichte hervorgekommen, wie aus der Erde. War der Mann kein Gespenst der Heide, so mußte eine Grube dort in der Heide sein.

8

„Guten Abend, Herr," sagte er freundlich.

Mein Kutscher wäre vor Schreck beinahe vom Bocke gefallen. Er hörte die Stimme, und hatte den Mann nicht gesehen.

„Ah, guten Abend."

Es war wirklich das kleine, alte Bäuerchen, das ich vorhin schon glaubte erkannt zu haben, mit dem ich heute Amtsgeschäfte gehabt hatte.

„Bin ich auf dem rechten Wege nach Hause?" war meine erste Frage an ihn.

„Ja, Herr. Den rechten Weg hat er dem Herrn gezeigt."

Er sagte das in so eigentümlichem Tone.

„Was meint Ihr damit?" fragte ich ihn.

Er antwortete nicht und lachte leise für sich. Dann sagte er:

„Der Herr hat die Reise heute auch umsonst gemacht."

„So ziemlich vergebens," sagte ich.

„Ja, ja – Wenn der da nicht gewesen wäre – Hat der Herr sich den Menschen wohl genau angesehen?"

„Welchen Menschen?"

„Der ihm da eben den Weg zeigte."

„Ihr kennt ihn?"

„Wer kennt den nicht?"

„Und wer war es?"

Er lachte wieder.

„Nun, wer war es?"

Er besann sich.

„Wäre der Herr wohl so gut, ein Weilchen auszusteigen?" sagte er dann. „Ich hätte doch ein paar Worte mit ihm allein zu sprechen. Wir gehen hinter dem Wagen her."

Ich stieg aus. Der Wagen fuhr langsam weiter. Ich ging mit dem Bäuerlein hinterher.

Aber hier muß ich zuvor erzählen, was für ein Amtsgeschäft ich gehabt hatte.

An das Criminalgericht, dem ich vorstand, war ich erst vor kurzer Zeit aus einer andern, entfernten Provinz des Staats versetzt. Ich fand gerade bei meiner Ankunft das Gericht in einer gewissen Aufregung. Der Gerichtsbezirk stieß an die Landesgrenze ganz hinten, mit seinem äußersten Ende. Es war dort eine abgelegene, einsame, verkehrlose Gegend, einer jener verborgenen Erdwinkel, in den ein Fremder nie hineinkommt, aus dem die Bewohner selten herauskommen. Der Boden war ungleich: fruchtbares Ackerland, Waldung, wüstes Heideland. Die Bewohner waren dort wohlhabend, hier arm. Ueberall wurden sie als gutmüthig geschildert. Freilich sollten sie gegen die neuere Cultur rings umher zurückgeblieben sein. Doch vielleicht eben daher rührte ihre Gutmüthigkeit. Gewiß war es ein Grund, daß man seit Menschengedenken von Verbrechen nicht gehört hatte, die in den wenigen Gemeinden, die jener Erdwinkel beherbergte, vorgefallen seien.

Dies war seit Kurzem auf einmal anders geworden. Seit einem halben Jahre ungefähr waren plötzlich häufige Diebstähle vorgekommen. Bald hier, bald dort; bald bedeutende, bald geringfügige; bald mit einer unglaublichen Verwegenheit, bald mit außerordentlicher List und Schlauheit ausgeführt; aber niemals war eine Spur des oder der Thäter entdeckt worden. Der oder die Diebe waren recht eigentlich in der Nacht gekommen, aber auch wieder verschwunden. Ja, man wußte nicht einmal, war es ein einzelner Dieb, oder waren es ihrer mehrere, die alle diese Verbrechen verübten. Noch weniger wußte man, wo man sie zu suchen hatte.

Die ganze Gegend war natürlich in großer Unruhe. Zu der Unsicherheit des Eigenthums trat das geheimnißvolle und unheimliche Dunkel des Verbrechens und des Verbrechers hinzu. Die Diebstähle dauerten nach meiner Ankunft fort. Ich mußte ihnen näher auf die Spur kommen. Zu diesem Zwecke war ich selbst nach jener Gegend hingereist, und ich hatte die Ortsvorstände, die Pfarrer der einzelnen Dörfer, die Bestohlenen und einige zuverlässige Personen des Bezirkes zu einer Versammlung eingeladen, um ein Gesammtbild des Geschehenen zu erhalten, und dadurch zugleich Anstalten zu wirksamerer Vorbeugung neuer Verbrechen, sowie zur Ermittelung und Habhaftwerdung der Verbrecher einleiten zu können.

Leider war die Zusammenkunft abgelaufen, wie die meisten ähnlichen Versammlungen. Es war viel gesprochen und wenig geschehen. Ermittelt war fast nichts Neues; es wurde nur festgestellt, wer die Thäter nicht sein könnten. Meinen Vorschlägen zu gemeinsamem Wirken, zur Bildung von Wach- und Sicherheitsvereinen, wurde entgegengesetzt, man könne sein eigenes Eigenthum nicht Preis geben, um das Anderer zu beschützen; man habe ja Polizei und Gensd'armen im Lande. Ja, Polizei, Gensd'armen und – Egoismus, sie bedingen einander!

Ich hatte unverrichteter Sache die Versammlung auflösen müssen und befand mich nun auf dem Rückwege nach Hause, den ich noch am späten Nachmittage angetreten, weil ich am nächsten Tage auf dem Gerichte mancherlei Geschäfte hatte.

Zu den eingeladenen Bestohlenen hatte der alte, kleine Bauersmann gehört, den ich in der Heide wieder traf. Er hatte in der Versammlung eben so wenig etwas gewußt, wie die Andern. Jetzt schien er etwas zu wissen. Er that wenigstens geheimnißvoll genug dazu.

„Wer war der Mann?" fragte ich ihn.

Er hatte vorher für sich gelacht, jetzt sah er mich mit einer gewissen ängstlichen Besorgniß an.

„Könnte ich mich darauf verlassen, daß der Herr mich nicht verrathen wird?"

„Ei, Mann, ich bin ja Beamter, und die erste Pflicht des Beamten ist die

Amtsverschwiegenheit."

„Der Herr muß mir nicht übel nehmen, wenn ich etwas ängstlich, bin. Jeder ist sich der Nächste, und es gibt viel schlechtes Volk in der Welt, das man zu fürchten hat. Daß der Herr da in der Versammlung nichts herausbekommen würde, das hätte ich ihm vorhersagen wollen. Wer wollte vor allen den Leuten sagen, was er wußte?"

Da hatte ich auch ein Stück Lebensweisheit und so recht mitten aus dem Volke. Ich habe sie und das alte Bäuerlein, von dem ich sie erhielt, nicht wieder vergessen.

„Es hätte also wohl Mancher in der Versammlung etwas erzählen können?"

„Wenn er nur gewollt hätte."

„Und auch Ihr wohl?"

Er erschrak doch noch, der mißtrauische, vorsichtige Mann.

„Ich habe nichts gesagt, Herr."

„Aber Ihr wolltet etwas sagen."

„Wollte ich?"

„Von dem Manne, mit dem ich vorhin sprach."

„Ja, ja, aber ich kann mich doch auf den Herrn verlassen?"

„Wie auf das Evangelium."

Endlich hatte er seine Angst überwunden.

„Herr, dem Menschen da ist nicht zu trauen."

„Auch wegen der Diebstähle nicht?"

„Eben das meinte ich."

„Ihr wißt also Näheres über ihn?"

„Vor ungefähr einem Jahre kam er hier auf einmal in der Gegend an. In dem ersten halben Jahre blieb er ruhig; er mußte die Leute sicher machen. Dann ging es los."

„Wie kam er hierher?"

„Da hinten an der Grenze war ein Bauerhof zu verkäufen, ein hübsches Gut. Den kaufte er, und darauf wohnt er seidem."

„Ich finde darin nichts Verdächtiges."

„Er bezahlte den Hof und Inventarium und Alles sogleich baar."

„Der Mann erscheint um so weniger verdächtig."

„So, Herr? Er brachte viel Geld mit. Er ist ein simpler Bauersmann. Wie war der zu so vielem Gelde gekommen? Und wenn er es ehrlich erworben hatte, warum blieb er nicht, wo er war, und warum kaufte er sich denn gerade hier in diesem Winkel an, in den kein Mensch kommt?"

Darin lag schon mehr Logik. „Und so nahe an der Grenze," hätte der kleine Bauer hinzusetzen können.

„Woher kam er?" fragte ich.

„Das weiß eben kein Mensch, Herr."

„Er muß sich doch legitimirt haben, namentlich bei der Polizei."

„Er hat die besten Papiere. Er nennt sich Heimann aus Amerika. Dort will er auch geboren sein; sein Vater sei dort schon eingewandert, der sei aus dem südlichen Deutschland gewesen. Gerade so soll es auch mit seiner Frau sein.“

„Er ist verheirathet?“

„Er brachte eine Frau mit einem kleinen Kinde mit. Ein zweites hat sie hier geboren, vor ungefähr einem halben Jahre. Mit der Frau ist es auch eine eigene Geschichte.“

„Wie so? Hält er die Frau nicht gut?“

„O, im Gegentheil, Herr. Er selbst scheut sich vor keiner Arbeit, aber die Frau darf keinen Finger rühren, das leidet er nicht. Er trägt sie auf den Händen, als wenn sie ein Engel wäre. Nun, eine schöne, junge Frau ist sie.“

„Und die Frau, wie benimmt sie sich gegen den Mann?“

„Sie möchte ihn ganz so halten, wie er sie. Sie sind Ein Herz und Eine Seele, das muß die ganze Gemeinde anerkennen. Es soll das Alles auch so besonders unter ihnen sein.“

„Wie besonders?“

„Ich kann das nicht sagen, Herr. Die Leute, die sie beisamen gesehen haben, meinen, die Beiden seien so ganz eigen, so still freundlich zu einander, daß es Einem ordentlich traurig um das Herz werde, wenn man es ansehe.“

Das waren allerdings Mittheilungen, die Interesse erregten. Die Frau jung und schön. Auch er war ein schöner Mann. Und dieses eigenthümlich zärtliche, wehmüthig zärtliche Verhältniß! Die Liebe der schönen, jungen Frau zu dem finsteren, unheimlichen Manne, der auch sie so innig liebte!

Allein der Criminalrichter hatte Anderes, als Liebesgeschichten, zu verfolgen.

„Warum traut Ihr dem Menschen nicht?“ fragte ich weiter.

„Niemand traut ihm, Herr.“

„Aber aus welchem Grunde nicht?“

„Man weiß eben nichts von ihm.“

„Um so weniger könnte man Schlechtes von ihm behaupten.“

„So, Herr? Hat man, ehe er da war, ein Wort von Diebstählen hier in der Gegend gehört?“

„Auch das ist kein Grund.“

„Wer sollte sie denn begangen haben, wenn nicht er? Wir Andern kennen uns unter einander von Kindesbeinen an.“

„Es könnte dennoch ein heimlicher Verbrecher unter Euch sein. Und habt Ihr nicht die Grenze in der Nähe?“

Er schüttelte den Kopf.

„Nein, nein, Herr. Und dann – ich habe den Herrn schon vorhin gefragt. Hat der Herr dem Manne recht in's Gesicht gesehen?“

„Ich sah ein hübsches Gesicht.“

„Ja, Herr. Aber in der Bibel steht von einem Kainszeichen. Ein solches

Kainszeichen hat er in seinem Gesichte."

„Ich habe nichts Besonderes bemerkt."

„Das echte Kainszeichen, Herr, ist eben nichts Besonderes. Gott der Herr hat es dem Menschen in das ganze Gesicht gelegt. Das sieht man, aber weiter kann man nichts davon sehen und nichts davon sagen."

Auch darin hatte das alte Bäuerlein wieder Recht. Hatte ich nicht selbst so das Kainszeichen an dem Fremden erkannt, daß der Anblick mich beinahe durchschauert hatte? Hatte nicht der Kutscher sich vor ihm entsetzt?

„Wenn der Mensch," fuhr der Bauer fort, „kein Verbrechen auf der Seele hat, so gibt es keine Verbrecher in der Welt mehr."

„Und doch," mußte ich ihm erwidern, „habt Ihr mir bis jetzt noch kein Wort sagen können, das einen Beweis dafür abgäbe."

Er wurde eifriger und in seinem Eifer brachte er nun noch einen Umstand vor, der, wenn er auch einen Verdacht für ein Verbrechen nicht geradezu enthielt, den Fremden doch noch immer mehr räthselhaft und geheimnißvoll mußte erscheinen lassen.

„Warum," rief er, „nimmt der Mensch auf seinen Hof keine Leute hier aus der Gegend? Alle seine Knechte und Mägde sind von drüben, von jenseit der Grenze her."

Das war es nicht, was meine Aufmerksamkeit besonders erregen konnte, obwohl es etwas auffallend war.

Aber noch eifriger fuhr er fort: „Und warum spricht er mit seiner Frau in einer fremden Sprache, die kein anderer Mensch versteht? Und warum sprechen sie nur dann so, wenn sie meinen, daß kein anderer Mensch es höre? Und warum reden sie in der fremden Sprache nicht einmal mit ihren kleinen Kindern?"

In den paar Bemerkungen lag so viel Wahrheit, daß ich unwillkürlich stutzte.

„Niemand kennt die Sprache?" fragte ich.

„Kein Mensch, Herr, und es wohnen in der Gegend Leute, die die Feldzüge mitgemacht haben und in Frankreich, Holland und Belgien gewesen sind und mit Franzosen, Engländern und selbst mit Spaniern verkehrt haben. Aber sie haben kein Wort gehört, das der Sprache gliche, die der Fremde mit seiner Frau redet."

Ich fragte ihn, ob er mir nicht ein oder ein paar Worte aus dieser fremden Sprache wiederholen könne. Er war dazu nicht im Stande. Daß der Fremde das Deutsche gut und geläufig, wie seine Muttersprache, redete, hatte ich selbst gehört.

„Wie spricht die Frau das Deutsche?" fragte ich noch.

„Als wenn sie es immer geredet hätte."

Das waren auffallende Nachrichten. Beide Eheleute sprachen das Deutsche, wie ihre Muttersprache, und redeten dennoch unter sich in einer fremden Sprache. Das ließ schließen, daß diese und nicht jene ihre Muttersprache war. Sie redeten sie aber nicht, wenn ein Dritter dabei war. Sie hatten also Grund, ihre eigene Muttersprache zu verleugnen. Ja, sie redeten sie nicht einmal zu den Andern. Nur in den Lauten, die sie selbst, die Mutter, als Kind von ihrer Mutter zuerst vernommen und verstanden hat, auch wieder zu ihren Kindern zu reden, drängt es jede Mutter; sie kann in der fremden Sprache das Kind nicht recht herzen und nicht voll lieben, es ist, als wenn etwas Fremdes zwischen ihnen stände. Diese Mutter konnte, mußte das Alles verleugnen, mußte in den süßesten Augenblicken der Mutterliebe ängstlich auf ihrer Hut sein, um keinen Laut hervorzubringen, der in dem Kindergedächtnisse haften bleiben und gegen sie zum Verräther werden konnte. Welcher Grund lag vor, der ein solches Verbergen forderte? Welche eigenthümlichen, rätselhaften Verhältnisse? – Das alte Bäuerlein mußte sich von mir trennen; wir waren an einen Seitenweg gekommen, den er einschlug. Noch einmal mußte ich ihm unverbrüchliches Stillschweigen versprechen.

„Dem Menschen käme es auf einen Mord nicht an, wenn er erführe, daß ich nur mit dem Herrn gesprochen habe. Er durfte nicht einmal sehen, daß ich hier in der Heide in der Nähe des Herrn war; drum verbarg ich mich vorhin. Der Herr mag sagen, was er will, der Mensch trägt einmal das Kainszeichen im Gesichte, und alles Volk hält ihn für den Dieb, und was das Volk sagt, das ist so. Volkesstimme ist Gottesstimme." Damit ging er. Ich setzte mich wieder in meinen Wagen und fuhr weiter.

Die Mittheilungen des kleinen, alten Mannes hatten mich in eine sonderbare Unruhe versetzt. War ich wirklich auf der Spur des so viel gesuchten gefährlichen, verwegenen und listigen Diebes? Das Aussehen des Menschen war verdächtig genug. Auch die Mittheilungen des alten Bauers konnten manchen Verdacht erwecken. Am meisten beschäftigte mich die fremde, unbekannte Sprache und das sorgfältige, ängstliche Verbergen derselben.

Ich war mehrere Jahre vorher längere Zeit in der Provinz Litthauen gewesen, und auch dort Criminalrichter. Die litthauische Sprache ist eine ganz eigenthümliche; mit keiner anderen lebenden Sprache ist sie verwandt. Von allen Sprachen, die noch bestehen, ist sie die, die am nächsten aus dem Sanskrit stammt. Nur ein kleiner Volksstamm redet sie. Dieser Volksstamm wohnt in dem Theile Preußens und in einer der verkehrlosesten Provinzen Rußlands. Fremde, die in diese Provinzen kommen, lernen die Sprache selten; außerhalb der Provinzen kennt man sie gar nicht. Sie ist selbst in ihren Namen eigenthümlich. Ich dachte jener Zeit, die ich dort in dem Lande mit der sonderbaren Sprache verlebt, und in meiner Erinnerung tauchten eine Masse Bilder auf, die ich längst schon vergessen glaubte.

Wenn aber die Gedanken des Menschen in die Ferne schweifen, zu dem was ihnen so nahe liegt, dann gewahren die Sinne des Menschen nicht, was ihnen nahe ist.

„Himmeldonnerwetter!" fluchte der Kutscher auf dem Bocke. Oder vielmehr, er fluchte es nicht mehr auf dem Bocke. Bei der letzten Sylbe seines Fluches lag er schon darunter, und ich neben ihm.

Der Wagen war mit den Rädern der einen Seite auf einen Erdwall gekommen, der den Weg von einem breiten Wassergraben schied. Der Kutscher hatte es nicht bemerkt; er mußte geschlafen haben, obwohl er nachher es ableugnete.

Ich hatte nicht darauf geachtet, weil ich meinen Gedanken in die Ferne gefolgt war, obwohl ich nachher nicht leugnen konnte, daß ich es wohl bemerkt, aber eben aus dem angegebenen Grunde nicht darauf geachtet halte. Der Wall war zu hoch geworden, der Wagen war umgeschlagen.

„Es ist ein Glück, Herr," sagte der Kutscher nachher, „daß er in den Weg schlug und nicht in den Wassergraben."

„Hole der Teufel das Glück!"

Er hatte ein Bein verstaucht, ich einen Arm. An dem Wagen war ein Rad gebrochen. Und um uns her war dunkle, kahle Heide.

Die Dunkelheit des Abends war vollständig eingetreten. Man konnte nicht einmal jene hohe Baumgruppe mehr sehen, an der wir aus der Heide herauskommen mußten. Daß wir noch in der Heide waren, nur das war uns klar. In der weiten, menschenleeren, wüsten, mit Finsterniß bedeckten Heide. Was nun? Ich sprang zuerst auf und half dem Kutscher auf sein gesund gebliebenes Bein. Aber was weiter? Er mit seinem lahmen Beine und ich mit meinem lahmen Arme konnten den Wagen nicht einmal aufheben, um weiter zu kommen. Hätten wir es aber auch gekonnt, ein Rad war und blieb gebrochen.

„Hole der Teufel diese verdammten Wege!" fluchte der Kutscher.

Hole der Teufel etwas Anderes, hätte ich fluchen mögen; aber mit Fluchen richtet man in solchen Situationen nichts aus. Und ich dachte plötzlich auch nicht mehr daran.

Ein leichter Schritt wurde in der Heide hörbar. Er kam nicht näher, er schien sich vielmehr von uns zu entfernen, hinter uns, auf der andern Seite des Walles, über den wir gestürzt, und des Grabens, in den wir nicht hineingestürzt waren. Man sah Niemanden. Wer konnte in diesem Augenblicke an uns vorübergehen, sich fast an uns vorbeischleichen, uns in unserer Lage hülflos lassen? Es war zwar finster in der Heide, aber zu hören war unser Unfall selbst in weiterer Ferne gewesen, als jene Schritte sich befanden! Selbst der Heidemann mit den Siebenmeilenstiefeln wäre da wohl an uns herangekommen, wenn auch nur aus Neugierde. „Heda," rief ich. „Hierher, guter Freund! Hier ist Noth, hier ist Hülfe nöthig."

Einen Augenblick noch glaubte ich, den leichten, flüchtigen Schritt weitergehen zu hören. Dann hielt er an, wandte um und kam auf uns zu.

„Sie haben einen Unfall gehabt?"

Es war die Stimme des Mannes, der uns vorhin den rechten Weg gezeigt, den der alte, kleine Bauer nach der allgemeinen Volksstimme als einen Verbrecher, als den Urheber der vielen in der Gegend verübten Diebstähle bezeichnet; den auch ich in dem schönen Gesichte das Kainszeichen hatte tragen sehen, jenes eigentliche Kainszeichen, das man sieht, von dem man aber nichts weiter sagen kann; der ein Fremder hier war; der die aller Welt unbekannte Sprache redete. Er sah völlig so finster aus, wie früher; aber er sah mich nicht mehr lauernd an, wie vorher; verdächtig gleichwohl wahrlich nicht minder. Es lag eine so sonderbare Befriedigung in den finstern, unheimlichen Gesichtszügen, als er meinen verstauchten Arm und das verrenkte Bein des Kutschers gewahrte. Mir wollte in der That unheimlich werden in dieser Nähe. Der Kutscher war an meine Seite gehinkt. Ihm schienen die Zähne zu klappern.

Der Fremde besah den Wagen. „Sie können mir wohl nicht helfen, ihn aufzurichten?" fragte er dann den Kutscher.

„Mein Bein –" stotterte dieser.

Ich wollte ihm helfen.

„Es ist nicht nöthig," gab er mir zur Antwort, und er hatte rasch den Wagen schon aufgerichtet. Er mußte eben so viel Kraft, als Geschick und Gewandtheit besitzen. „Das linke Vorderrad ist entzwei," sagte er dann. „Haben Sie einen Strick im Wagen?"

„In dem Sitzkasten unter dem Bock," sagte der Kutscher.

Er hatte den Sitzkasten schon geöffnet, nahm den Strick heraus, der darin lag, und nach wenigen Minuten war das zerbrochene Rad leidlich zusammengebunden.

„So, Herr, jetzt kann der Wagen wieder weiter, aber nur zur Noth, nur im langsamen Schritt, bis zum nächsten Hause, wo man dann weiter sehen muß."

„Ist ein Haus in der Nähe?" fragte ich.

„Eine Viertelstunde von hier."

„Können Sie uns hinführen?"

„Warum nicht?"

„Wären Sie so gut?"

„Gern. – Nur," fuhr er dann fort, „werden Sie den Weg neben dem Wagen zu Fuße machen müssen. Ihren Kutscher, der nicht gehen kann, wird der Wagen wohl noch tragen."

„Es sei so."

Wir hoben Beide den Kutscher in den Wagen; er nahm die Zügel der Pferde, die Peitsche des Kutschers und trieb die Pferde an. Der Wagen setzte sich in Bewegung. Ich ging neben ihm her. Wir fuhren und gingen in unserer bisherigen Richtung weiter. Nach einiger Zeit gewahrte ich die Baumgruppe, die er uns schon vorher als den Punkt bezeichnet hatte, an dem wir aus der Heide herauskommen mußten.

Wir waren auf einer befahrenen Straße, die durch Feld und Wald führte. Ich glaubte mich zu erinnern, daß wir auch am Morgen auf dem Hinwege hier gefahren waren. Ich mußte mich aber auch erinnern, daß die Gegend völlig menschenleer gewesen war und daß ich weit und breit kein Haus bemerkt hatte.

Wir konnten eine Viertelstunde gefahren sein.

„Kommen wir bald an ein Haus?" fragte ich.

„In zehn Minuten, Herr. Es geht langsam."

„Liegt es an der Straße?"

„Ungefähr fünf Minuten von der Seite. Wir biegen bald von diesem Wege ab."

„Wem gehört es?"

„Mir."

Mich durchzuckte es bei dem Worte.

In das Haus des finsteren unheimlichen Menschen sollten wir, des Menschen, den die ganze Gegend für den gefährlichsten Dieb hielt! In die Räuberhöhle sollte ich, in stockfinsterer Nacht, in wildfremder Gegend, ich mit meinem lahmen Arme, der Kutscher mit seinem lahmen Beine, Beide ohne Waffen, unfähig zu jedem Widerstande! Und kein Mensch in der Welt wußte etwas davon, daß wir in diese Höhle hineingingen. Waren wir später verschwunden, so waren wir spurlos verschwunden. Sollten wir uns ihm wirklich überliefern? Gutwillig, freiwillig überliefern? Aber konnten wir anders? Entweder war er der gefürchtete Dieb, und wir waren in Gefahr, oder er war es nicht, und wir konnten ihm ruhig in sein Haus folgen. War er der Dieb, so waren wir unter allen Umständen in seiner Gewalt, mochten wir weiter mit ihm gehen oder nicht. War er es nicht, so mußte jedes Mißtrauen namentlich mich lächerlich machen.

„Werden Sie unseren Wagen wieder herstellen können?" fragte ich ihn.

„Ich hoffe es."

„Wohnen Sie in einem Dorfe?" fragte ich noch.

„Nein. Es ist überhaupt kein anderes Haus in der Nähe."

Er setzte die Worte wie absichtlich hinzu, und ich hatte doch meine Frage in dem gleichgültigsten Tone von der Welt vorgebracht. Er sollte an meinen vollkommenen Gleichmuth glauben.

„Ich habe zwar Eile," fuhr ich daher fort, „ich müßte morgen früh wieder zu Hause sein. Aber könnte ich, wenn es nicht anders ginge, bei Ihnen Nachtquartier finden?"

„Wenn Sie vorlieb nehmen wollten, ja."

Er hatte immer nicht unhöflich gesprochen, aber kurz, und sein finsteres, unheimliches Gesicht glaubte ich bei jedem Worte zu sehen. –

Er bog von der Straße ab, in einen Seitenweg. Wir fuhren einer dunkel vor uns liegenden Holzung zu; der Weg führte mitten in sie hinein. Diese Holzung war dicht, finster und etwa fünf Minuten lang. Dann kamen wir in offenes Feld, an dessen Rande sich vor uns dunkle Gegenstände erhoben.

Der Fremde führte uns auf diese zu. Ich erkannte ein paar Gebäude, zwischen denen und um die herum mehrere Bäume standen. Es war das Gehöfte des Fremden.

War es die Höhle des Räubers?

Wir kamen näher. Ich erkannte deutlicher die Umrisse eines größeren Bauernhauses mit den dazu gehörigen kleineren Nebengebäuden. In Westphalen findet man meist solche einzeln liegende, abgeschlossene Bauerhöfe. In jener Gegend kamen sie hin und wieder vor.

„Das ist Ihr Gehöfte?" fragte ich unseren Führer.

„Ja, Herr."

„Ihr Name?"

Der kleine, alte Bauer hatte mir seinen Namen, Heimann, genannt; aber er durfte nicht wissen, daß ich ihn kannte.

„Heimann," antwortete er.

Wir fuhren auf den Hof und langten an dem Hause an. Auf dem Hofe war es dunkel; auch in dem Hause sah man kein Licht. Trotz der Dunkelheit konnte ich indeß wahrnehmen, daß überall Ordnung herrschte; die Gebäude schienen in gutem Zustande zu sein. Nach einer Räuberhöhle sah das nicht aus.

Der Hausherr, auf dessen Grund und Boden wir uns jetzt befanden, klatschte mit der Peitsche, um unsere Ankunft anzukündigen.

„Es ist schon spät," sagte er zu mir, „meine Leute werden meist schlafen; denn morgen früh müssen sie schon um drei Uhr wieder an der Arbeit sein."

Ich hatte kurz vorher auf meine Uhr gesehen; sie zeigte auf neun Uhr. Wir waren im August.

Die Thür des Hauses öffnete sich. Ein Knecht trat mit einer Laterne heraus. Der Mensch sah ordentlich aus, nur etwas schläfrig. Einen Räuber sah man dem nicht an.

„Ist meine Frau schon zu Bett?" fragte ihn sein Herr.

„Sie hat noch auf Sie gewartet."

„Halte die Pferde."

Der Knecht stellte sich zu den Pferden, und der Herr wandte sich an mich.

„Vor der Hand, Herr, werden Sie wohl in mein Haus eintreten müssen. Ich werde unterdeß suchen, ob sich auf dem Hofe ein Rad findet, das zu Ihrem Wagen paßt."

„Und wenn sich keins findet?"

„Mit den drei Rädern können Sie nicht weiter. Dann würden Sie schon die Nacht ganz hier bleiben müssen. Morgen früh, gleich um drei, würde ich zum Stellmacher schicken, der eine Viertelstunde von hier wohnt."

„Könnte ich nicht sofort mit dem Wagen zu dem Stellmacher fahren?"

„Wie Sie wollen, Herr. Aber in der Nacht wird Ihnen der Mann kein Rad machen. Auch er ist heute schon um drei Uhr auf gewesen und hat den ganzen Tag gearbeitet; da wollen die Leute des Nachts ihre Ruhe haben. Aber – wie Sie wollen."

Er sprach so unbefangen, so treuherzig. Sein Gesicht, das ich in dem Scheine der Laterne voll sehen konnte, kam mir nicht mehr so finster und unheimlich vor. Es sah rings umher so ordentlich, so unverdächtig aus. Es war möglich, daß sich gleich ein passendes Rad fand und ich in der nächsten Viertelstunde meine Reise fortsetzen konnte. Ich hätte eine lächerliche Furcht verrathen, wenn ich ohne weiteren Grund darauf bestanden hätte, zu dem Stellmacher zu fahren. Mein armer Kutscher ächzte zudem im Wagen; sein verstauchtes Bein schmerzte ihn sehr. Ich entschied mich, zu bleiben.

„Gut," sagte er, „so werde ich die Pferde in den Stall und den Wagen in den Schuppen bringen lassen."

An den Wagen war er schon herangetreten, um dem lahmen Kutscher herauszuhelfen; er hob ihn leicht heraus.

„Wenn Sie," sagte er zu ihm, „den Fuß tüchtig mit Branntwein einreiben, so wird er morgen wieder besser sein, besonders wenn er die Nachtruhe haben könnte. – Wollen Sie nicht Ihre Sachen aus dem Wagen nehmen?" wandte er sich dann an mich.

Er sprach und that Alles mit einer so klaren, so völlig unbefangenen und unverdächtigen Ruhe. Ich mußte das Mißtrauen, das noch in mir aufsteigen wollte, fast mit Spott zurückkämpfen.

Volkesstimme ist doch nicht immer Gottesstimme!

Ich hatte nur meine Acten im Wagen. Ich nahm sie heraus. Der Hausherr führte uns in das Haus. Wir traten, ähnlich wie in den westphälischen Bauerhäusern, in eine große, geräumige Küche. Sie schien auch, wie gleichfalls in Westphalen, zum gewöhnlichen häuslichen Aufenthalte zu dienen; es standen wenigstens Tische und Stühle darin.

„Lassen Sie sich einstweilen hier nieder," sagte der Hausherr. „Unsere Wohnstube ist zugleich unsere Schlafstube. Meine Frau ist mit den Kindern darin. Auf dem Lande ist das so."

Er ging in eine Stube nebenan, und ich hörte ihn dort bald sprechen. Eine Frauenstimme antwortete ihm. Was sie sprachen, konnte ich nicht verstehen. Ich glaubte nur, daß sie deutsch redeten.

Nach einer Weile kam er zurück, und brachte dem Kutscher ein Glas mit Branntwein. Zugleich mußte der Kutscher den Fuß zeigen. Es war nur eine leichte, obwohl schmerzvolle Verstauchung, die nur für heute bis morgen am Gehen hinderte. Während wir mit der Besichtigung beschäftigt waren, hatte sich die Thür derselben Stube geöffnet, aus welcher der Hausherr zurückgekehrt war.

Als ich aufblickte, sah ich, daß eine Frau herausgetreten war. Sie hatte uns aber schon den Rücken zugewandt, ihr Gesicht sah ich nicht mehr. Ihre Figur war groß, schlank. Sie verließ durch eine Seitenthür die Küche. Gleich darauf verließ uns auch der Hausherr.

„Ich werde jetzt nach Ihrem Wagen sehen." Er ging auf den Hof.

„Der ist doch kein Heidegespenst!" sagte der Kutscher hinter ihm her. Er fühlte sich behaglich, zumal da er sich überzeugt hatte, daß für seinen Fuß keine Gefahr sei. Von meiner Unterredung mit dem kleinen, alten Bauer hatte er nichts gehört.

Nach ungefähr zehn Minuten kam der Hausherr zurück. „Es wird sich machen mit Ihrem Wagen. Wir haben ein Rad gefunden, das paßt. Es muß nur noch fester zusammengeschlagen werden. Der Knecht ist damit beschäftigt."

Dann ging er der Frau nach, kehrte aber mit dieser bald zurück. Die Frau ging hinter ihrem Manne, so daß sein Schatten auf sie fiel; er trug ein Licht, das sie vorhin getragen hatte. Als sie in die Nähe der Stubenthür kam, bog sie rasch nach dieser ab, und ohne daß sie mich gegrüßt oder nur nach mir hingeblickt hatte, öffnete sie die Thür und verschwand in der Stube.

War das Alles absichtslos oder mit Vorbedacht geschehen? Und wenn das Letztere, aus welchem Grunde? Ich hatte freilich bei gewöhnlichen, in ihrer ländlichen Abgeschiedenheit lebenden Bauerfrauen öfter eine ähnliche Scheu vor Fremden gefunden. Ihr Benehmen wollte mir doch auffallen, zumal wenn ich an so Manches dachte, was mir der alte Bauer erzählt hatte. Uebrigens hatte ich doch mit einem Blicke das Gesicht der Frau erhascht. Es war blaß, aber ich glaubte feine und regelmäßige, schöne Züge bemerkt zu haben. Der Hausherr wandte sich an mich:

„In der nächsten Stunde werden Sie nicht fortkönnen, und hier in der Küche können Sie nicht bleiben. Meine Frau hat eine Stube für Sie zurecht gemacht; wollen Sie mir dahin folgen?"

Die Worte wollten mir wieder einen Stich in das Herz geben. Aber ich durfte wiederum kein Bedenken zeigen, das wie Furcht ausgesehen hätte. Ich folgte ihm.

Er führte mich durch dieselbe Seitenthür, aus der er mit seiner Frau zurückgekehrt war. Durch die Thür traten wir in eine geräumige Scheune. Gleich links in dieser war eine kleine, schmale Treppe; diese führte er mich hinauf. Wir traten in eine Stube. Sie war klein, niedrig; aber es standen hübsche, neue Möbeln darin, und Alles war außerordentlich rein und sauber. Es war die Putz- und zugleich Fremdenstube des Hauses. Auch ein Bett stand darin, und es war frisch gemacht. Das konnte auffallen. Ich hatte nur für eine Stunde hier meinen Aufenthalt nehmen sollen.

Der Hausherr mochte mir es ansehen, wie es mir auffiel.

„Meine Frau hat es schon aus Vorsorge gethan," sagte er, „für den Fall, daß Sie doch die Nacht bleiben müßten." Die Auskunft war eine völlig unverfängliche. „Machen Sie es sich bequem hier!"

Er verließ mich; aber schon nach wenigen Minuten war er wieder da.

„Ich bringe Ihnen einen kleinen Nachtimbiß. Aber ich sagte es Ihnen vorher, Sie müssen vorlieb nehmen." Er brachte Brod, Butter, Schinken, dabei eine Flasche mit Wasser. „Schnaps werden Sie nicht trinken, und sonst habe ich nur Wasser im Hause."

Es war wieder Alles so rein und sauber und einladend. Ich mußte unwillkürlich zulangen.

Er hatte mich wieder verlassen. Ich blieb lange allein. Meine Uhr zeigte schon halb elf, als er zurückkam. Er schien etwas verlegen zu sein.

„Mit dem Rade ist ein Unglück passirt. Der Knecht war ungeschickt; anstatt es fester zusammenzuschlagen, hat er es in einander geschlagen. Es thut mir leid für Sie; aber ich kann Ihnen nun nicht mehr helfen, Sie werden die Nacht wohl hier bleiben müssen. Morgen früh noch vor drei schicke ich das zerbrochene Rad zum Stellmacher, und um fünf Uhr schon können Sie abfahren."

War der Knecht wirklich so ungeschickt gewesen? Oder war es Vorwand, was er sagte?

Er hatte Alles wieder natürlich und arglos genug gesprochen, und – ich war jedenfalls gefangen. Es konnte mir nicht einmal helfen, wenn ich selbst hätte nachsehen wollen. Nur nach meinem Kutscher wollte ich mich noch umsehen, um wenigstens zu wissen, wo er sei, wenn es in irgend einem Nothfalle darauf ankäme. Aber auch dazu sollte ich nicht gelangen.

„Ihrem Kutscher haben wir ein Lager in einer Kammer neben der Küche gemacht," sagte er von selbst. Dann fragte er, ob ich noch etwas zu wünschen habe, dann wünschte er mir. gute Nacht, und ließ mich allein. –

Ich war allein in einem hübschen Stübchen, in dem Alles so freundlich, so einladend war, auch das von glänzenden Leinen frisch aufgemachte Bett. Aber auch in dem Hause eines Menschen, den die Gegend als einen Verbrecher bezeichnete, der das Kainszeichen in dem finsteren, unheimlichen Gesichte trug. Ich war allein unter einem gastlichen Dache oder in einer Räuberhöhle. Mein Kutscher war noch da, aber ich wußte nicht, wo er, er wußte nicht, wo ich war. Und außer uns Beiden wußte kein Mensch in der Welt, wo wir waren. Verschwanden wir, man konnte kaum ahnen, wo man uns suchen solle.

Aber war ich nicht ein Thor mit solchen Gedanken? Was hatte ich denn Verdächtiges gesehen oder gehört? Warum sollte auch ein Verbrechen gegen mich verübt werden? Ich hatte nur meine Uhr und weniges Reisegeld bei mir. Er mußte das wissen können, da er unstreitig von dem Kutscher erfahren hatte, wer ich war. Darum etwa sollte er einen Doppelmord begehen? Wagen und Pferde konnten ihn gar nur verrathen.

Ich beschloß, mich ruhig zu Bette zu legen, sah mich aber vorher noch in dem Stübchen um. Vorsicht kann nie schaden.

Es lag an der Hinterseite des Hauses, wahrscheinlich – ich konnte es in der Dunkelheit nicht unterscheiden – nach einem Garten hin. Es hatte nur ein Fenster, aber zwei Thüren. Durch die eine war ich gekommen; sie hatte inwendig einen Riegel, den ich vorschob. Die andere war in einer Seitenwand. Ich konnte sie öffnen; sie führte in ein zweites kleines Gemach, eine Kammer, die dem Stübchen glich, in dem ich mich befand. Aber sie war leer. Nur ein paar Koffer standen darin. Eine zweite Thür hatte sie nicht. Ich verschloß gleichwohl die Thür, die aus meinem Zimmer hineinführte. Sie hatte ebenfalls einen Riegel, den ich gleichfalls vorschob. Dann legte ich mich zu Bette und löschte das Licht aus.

Ich mochte noch Mancherlei über meine Reise und meine Lage nachdenken; aber ich war müde. Um mich her war Alles still, draußen wie im ganzen Hause. Ich schlief bald ein.

Ein Geräusch weckte mich. Ich fuhr in meinem Bette unwillkürlich in die Höhe. Es war Jemand draußen an der Thür der Stube, an der Eingangsthür, die zu der Treppe und zu der Scheune führte. Es wurde an dem Schloß der Thüre gearbeitet. Ich horchte und blieb sitzend im Bette. Ich hörte deutlich, wie ein Schlüssel in dem Schlosse hin und her gedreht wurde. Offenbar wurde der Versuch gemacht, die Thür zu öffnen. So indeß konnte das, da sie von innen verriegelt war, nicht geschehen. Ich konnte, wenigstens einstweilen, ruhig weiter horchen. Der vergebliche Versuch zu öffnen wurde noch eine Weile fortgesetzt, Anderes als das Drehen des Schlüssels hörte ich nicht, namentlich auch kein Sprechen, kein Flüstern, kein Zischeln.

Ich schloß, daß nur eine einzige Person draußen sei.

Wer war es? Mein Wirth? Der verdächtige Mensch mit dem Kainszeichen? Sollte ich aufspringen? mich zu erkennen geben, daß ich wach sei? Oder sollte ich still abwarten, was dem endlich als vergeblich anerkannten Versuche, mit dem Schlüssel zu öffnen, weiter folgen werde, und dann, wenn es Noth thue, aus dem Fenster Hülfe rufen?

Hülfe? Von wem hier Hülfe?

Waffen führte ich nicht bei mir, nicht einmal einen Stock, ein Federmesser. Ich konnte mich nur mit einem der Stühle vertheidigen, die in der Stube standen.

Ich sann nach, was ich thun solle. Auf einmal war es still geworden, ich hörte nichts mehr – keinen Laut weiter. Der Mensch, der mir seinen Besuch zugedacht hatte, mußte wieder fort sein. Aber wie leise mußte er sich entfernt haben, da ich bei dem angestrengtesten Horchen nicht den geringsten Laut eines Schrittes hatte vernehmen können!

Hatte ich vielleicht nur geträumt? Aber ich saß noch aufrecht im Bette, und im aufrechten Sitzen hatte ich deutlich jene Töne gehört. Es war noch stockfinstere Nacht. Ich ließ meine Uhr repetiren, sie schlug Mitternacht. Im ganzen Hause regte sich nichts, eben so wenig draußen.

Was sollte ich machen? Ich war bald entschieden. Mochte da gewesen sein, wer wollte, mochte ihn eine gute oder eine böse Absicht geleitet haben, es war jetzt Alles wieder ruhig, und es blieb ruhig; ich konnte also keine

Veranlassung haben, Unruhe im Hause zu machen. Wer konnte auch wissen, in welcher unschuldigen Absicht mir ein höchst gleichgültiger Besuch zugedacht war? Am andern Morgen mußte sich aufklären, was aufzuklären war.

So dachte ich. Und in diesem Gedanken konnte ich gar nach kurzer Zeit wieder einschlafen. Ich muß sogar fest, sehr fest geschlafen haben. Späterhin meinte ich zwar, ich sei im Schlafe einmal wie von einem plötzlichen Geräusche gestört worden. Aber zu einem klaren Bewußtsein, zu einer bestimmten Erinnerung konnte ich darüber nicht kommen. Irrte ich mich nicht, hatte ich namentlich nicht blos geträumt, so hatte das Geräusch mich jedenfalls nicht aus der Trunkenheit des Schlafes herauszubringen vermocht. Aber von einem andern Geräusche erwachte ich desto plötzlicher und zur klarsten Besinnung. Es wurde stark an die Thür der Stube geklopft. Ich fuhr hoch im Bette auf. Es war heller Morgen. „Sind Sie wach?" rief draußen an der Thür die Stimme des Hauswirthes. „Was gibt es?" fragte ich.

„Wollten Sie nicht so gut sein, aufzustehen?"

Ich stand auf und warf einige Kleider über. Meine Uhr zeigte halb fünf, und um fünf Uhr hatte ich auch schon wieder abfahren wollen. Daß der Mann mich weckte, hatte also nichts Auffallendes. Aber der Ton seiner Stimme war mir etwas aufgeregt, so besonders dringend vorgekommen. Ich öffnete indeß die Thür, und er trat in die Stube. Die Thür machte er, wie es mir schien, mit einer gewissen Vorsicht hinter sich zu. Er sah überhaupt so sonderbar aus. Er mußte etwas auf dem Herzen, er mußte etwas vorhaben.

„Nehmen Sie mir nicht übel, daß ich Sie so hastig geweckt habe."

„Es ist Zeit für mich, weiter zu reisen."

„Ihr Rad ist vom Stellmacher zurück."

„Und in Ordnung?"

„Ganz in Ordnung."

Er hatte sich unterdeß mit großer Neugierde und, wie ich meinte, mit einer gewissen ängstlichen Spannung in der Stube umgesehen, schien aber nicht zu finden, was er suchte. Er ging auf die Thür der nebenan befindlichen Kammer zu, besah diese genau, schob den Riegel zurück, der noch davor war, und trat hinein. Ich glaubte, er habe dort etwas zu thun, vielleicht in einem der Koffer, die in der Kammer standen, und achtete nicht besonders darauf, sondern kleidete mich während der Zeit an. Auf einmal kam er mit bestürztem Gesichte aus der Kammer zurück.

„Haben Sie heute Nacht nichts gehört?"

„Es war Geräusch an der Thür."

„An welcher?"

„An der da."

Ich zeigte auf die zu der Treppe führende Thür.

„Und dort in der Kammer haben Sie nichts gehört?"

„Nichts. – Doch, es steht mir vor, als wenn ein Geräusch mich einmal, vielleicht nur auf eine Secunde, halb aufgeweckt habe. – Aber ist etwas vorgefallen?"

Er besann sich, als wenn er zweifelhaft sei, ob er das, was er hatte, mir mittheilen solle oder nicht.

„Sie müssen es wissen," sagte er dann; „aber kein anderer Mensch darf es erfahren, ich bitte Sie darum." Er war in großer Aufregung. „Hier ist ein schändlicher Diebstahl verübt worden," fuhr er fort.

„Wo?"

„In dieser Kammer."

„Hier? Fast unmittelbar neben meinem Bette?"

„Es ist eine ungeheuere Frechheit."

„Was ist Ihnen gestohlen? Ist es viel?"

„Ich bin ein geschlagener Mann."

„Erzählen Sie, theilen Sie mir Alles mit; es soll jedes Mittel aufgeboten werden, Ihnen wieder zu dem Ihrigen zu verhelfen."

Ich hatte bis dahin kaum Zeit gehabt, in die Wahrheit seiner Angabe einen Zweifel zu setzen. Sein Aussehen, sein ganzes Benehmen war vollständig das eines Menschen, den die plötzliche Entdeckung eines schweren Verlustes bestürzt macht. Ich hatte zudem in der Nacht das doppelte Geräusch gehört, einmal deutlich, im vollen wachen Zustande, das zweite Mal aber unbestimmt, im Schlafe. – Er erzählte.

Er und seine Leute waren, wie gewöhnlich, um drei Uhr des Morgens aufgestanden. Sie hatten ihre gewöhnliche Tagesarbeit begonnen, im Hause, auf dem Hofe. Einen Knecht hatte er mit dem zerbrochenen Rade meines Wagens zu dem Stellmacher geschickt. Vor einer Viertelstunde war der Knecht zurückgekommen. Er, der Hausherr, hatte darauf nachsehen wollen, ob ich vielleicht schon wach oder aufgestanden sei. Zu dem Zwecke war er in den Garten hinter dem Hause gegangen, wo er auf das Fenster meiner Stube sehen konnte. Dieses Fenster war noch verschlossen gewesen. Aber das Kammerfenster nebenan stand offen. Das fiel ihm auf. Er trat näher heran und entdeckte an der Erde Fußspuren. Eine große Angst ergriff ihn. In einem Koffer in der Kammer befand sich sein gesammtes erspartes Vermögen – dreihundert Stück Friedrichsd'or. Er hatte sie nach seiner Ankunft aus Amerika in Hamburg eingewechselt. Er eilte in das Haus zurück. Er konnte nur durch meine Stube in die Kammer gelangen. Er wollte mich wecken. Aber als er in die Scheune trat, fiel ihm etwas Anderes auf. Unter dem großen Thore, das aus der Scheune in's Freie führte, sah er eine ungewöhnliche Helle. Er ging hin. Unter der Schwelle der Thür war eine große Oeffnung. Sie war frisch in die Erde gegraben, und es konnte dadurch Jemand bequem von außen in die Scheune kriechen und aus dieser wieder zurückkommen. Er stieg deshalb sogleich zu mir hinauf, weckte mich und trat in die Kammer. Dort stand sein Koffer offen. Das

Geld war daraus entwendet, die ganze Summe von dreihundert Friedrichsd'or.

Das war seine Mittheilung.

Sie paßte zu dem, was ich selbst in der Nacht vernommen hatte. Ich war Criminalrichter genug, um mir sofort den Gang des verübten Verbrechens combiniren zu können.

Der Dieb, der auf irgend eine Weise erfahren hatte, daß das Geld in der Kammer war, hatte das Einsteigen von außen gefährlich gefunden, vielleicht auch anfänglich aus Mangel an geeigneten Hülfsmitteln nicht ausführen können. Er hatte das Loch unter dem Scheunenthor gegraben, um von dieser aus durch meine Stube in die Kammer zu gelangen. Meine Anwesenheit im Hause, wenigstens in der Stube, hatte er nicht gewußt. Er hatte die Thür meiner Stube durch Nachschlüssel zu öffnen versucht, der Versuch war mißlungen, weil ich von innen den Riegel vorgeschoben hatte. Nun mußte er doch von außen einsteigen, und das und die weitere Ausführung war ihm geglückt.

Ich besichtigte mit dem Bestohlenen die Kammer. Fenster und Koffer standen noch offen. Spuren einer Gewalt waren nirgends zu entdecken. Der Koffer mußte also mit einem Nachschlüssel geöffnet sein. Die Art der Oeffnung des Fensters blieb mir anfangs ein Räthsel. Es wurde mit zwei eingehakten Klinken verschlossen. Diese schlossen es fest und dicht. Bei genauerem Nachsehen löste sich aber das Räthsel. Von außen war zwischen Rahmen und Kreuz des Fensters ein Instrument eingeschoben; vermittelst desselben waren die Klinken aus den Haken gehoben. Die Zurückziehung des nach außen sich öffnenden Fensters hatte dann mit leichterer Mühe geschehen können. Aber das Instrument, mit dem die Aushebung der Klinken bewirkt war, mußte ein außerordentlich dünnes, feines und eben so starkes gewesen sein; wahrscheinlich eine ungemein dünn geschliffene, sehr feste Messerklinge. Darauf deuteten auch die kaum bemerkbaren Spuren an Holz und Eisen des Fensters hin.

Nach Besichtigung des Fensters stieg ich mit dem Bestohlenen die Treppe hinab, um die Oeffnung unter dem Scheunenthor in Augenschein zu nehmen; sie war, wie derselbe sie beschrieben hatte. Ein Mensch konnte durch sie bequem ein- und auskriechen. Und doch waren mir auf einmal Zweifel aufgestiegen. Ich kann nicht sagen, wie und wodurch zuerst. Aber als sie einmal da waren, wurde ich mir ihrer Gründe wohl bewußt.

Der Diebstahl war mit großer Verwegenheit und hartnäckiger Ausdauer, aber auch mit sehr großer Vorsicht und nur von einem Menschen ausgeführt, der genau im Hause Bescheid wußte, der namentlich sowohl dessen innere Einrichtung, wie das Vorhandensein und den Ort der Aufbewahrung des Geldes kannte. Ein solcher Dieb hätte nun aber auch meine Anwesenheit im Hause und in der Stube wissen müssen und unzweifelhaft sein Verbrechen auf eine andere Zeit verschoben. Sodann, wie kam der Bestohlene dazu, sein Geld, jene bedeutende Summe, sein gesammtes Erspartes, anstatt unten in seinem Wohn- und Schlafzimmer, hier oben in der unbewachten Kammer zu verwahren? Endlich, warum hatte er jenes Stillschweigen über das Verbrechen von mir gefordert? Der Diebstahl war also von ihm fingirt, vorgespiegelt? Die gefundenen Spuren waren von ihm selbst gemacht? Auch ein Grund dafür ließ sich, wie ich meinte, leicht auffinden.

Heimann, der angeblich Bestohlene, war in verbrecherischer Absicht während der Nacht an meiner Thür gewesen, hatte aber seinen Zweck nicht erreicht; er konnte, ja mußte sogar vermuthen, daß ich das Geräusch gehört und dadurch Verdacht geschöpft haben mußte. Um nun meinen Verdacht auf eine falsche Bahn zu lenken, hatte er den Diebstahl erfunden. Freilich war sein Benehmen so natürlich. Aber trug er nicht das Kainszeichen im Gesichte? Und vor Allem, wenn er wirklich nach der allgemeinen Volksstimme der gefürchtete freche und listige Dieb war, konnte er ein besseres Mittel erdenken, den gegen ihn herrschenden und ihm sicher nicht unbekannten Verdacht mit einem Male und für immer von sich abzulenken, als indem ich fast der Augen- und Ohrenzeuge eines gegen ihn mit großer Verwegenheit und List verübten Diebstahles werden mußte? Das allein, ohne daß ich irgend weiter die Absicht eines Verbrechens gegen mich anzunehmen brauchte, konnte erklären, warum er mich in sein Haus geführt und die Nacht dort gehalten hatte. Ich durfte ihn von meinen Zweifeln, von meinem Verdachte nichts merken lassen. Nur die behutsamsten, von Gericht und Polizei gemeinsam und gleichzeitig zu bewirkenden Nachforschungen konnten, wenn mein Verdacht ein gegründeter war, zur Ermittelung der Wahrheit führen. Nur eins mußte ich ihn fragen, um nicht durch zu große Zurückhaltung meinerseits in ihm Verdacht zu wecken.

„Sie baten mich vorhin, den Diebstahl geheim zu halten."

„Ich bitte Sie noch darum."

„Sie wissen, wer ich bin?"

„Sie sind der Herr Criminaldirector – Ihr Kutscher hat es mir gesagt."

„Aber vermöge meines Amtes darf ich Verbrechen nicht verbergen."

„Ich will Sie auch nur bitten, ungefähr acht Tage lang die Sache zu verschweigen."

„Könnten Sie mir den Grund sagen?"

Er besann sich. Dann sagte er: „Ich habe eine Vermuthung, wer der Dieb ist, wer alle die anderen Diebstähle in der Gegend verübt hat. Dieser Diebstahl hat mich auf einmal darauf gebracht. Gestern Abend in der Heide, als Sie den Unfall halten und ich an Ihnen vorbeieilen wollte, war ich schon auf einer Spur –" Er brach plötzlich ab. Dann fuhr er fort: „Aber ich darf Ihnen nicht mehr sagen. Nur ich allein kann den Dieb entdecken und überführen und zugleich wieder zu meinem Eigenthume kommen, jeder

Andere würde mir Alles verderben; auch die Polizei und die Gerichte. Glauben Sie mir das. Lassen Sie mich daher allein handeln, nur die acht Tage lang. Ich bin ein ruinirter Mann, wenn ich mein Geld nicht wieder bekomme. Und nur ich allein kann es mir wieder verschaffen, wenn kein Mensch weiter von dem Diebstahle erfährt. Meine Leute wissen noch nichts und werden auch nichts erfahren."

Er sprach so wahr und überzeugend, daß ich mir beinahe über meinen Verdacht gegen ihn Vorwürfe machte. Ich versprach ihm, acht Tage lang den Diebstahl geheim zu halten und keine amtlichen Schritte in der Sache zu thun. Wie die Sache stand, konnte ich das, ohne, nach aller Wahrscheinlichkeit, ihr erheblich zu schaden. Jedenfalls war es mir eine Gewissenssache, auf einen durch keine Thatsache unterstützten Verdacht hin dazu beizutragen, daß der Mann nicht wieder zu seinem Vermögen komme. Ich that nur noch eins. Die Fußspuren unter dem Fenster, von denen er gesprochen Halle, mußten nach acht Tagen verwischt sein. Auf sie konnte gleichwohl Vieles ankommen. Ich ging in den Garten, sie zu besichtigen. Ich fand sie unter dem Fenster. Jemand war dort hin- und hergegangen. Aber der Dieb, oder wer es sonst gewesen sein mochte, war auch hier vorsichtig gewesen. Die Spuren waren, und zwar unzweifelhaft absichtlich, so verwischt, daß man ihre Beschaffenheit unmöglich erkennen konnte; ich konnte nicht einmal unterscheiden, ob sie von einer oder von mehreren Personen herrührten. Ich ließ mich jedoch die Mühe nicht verdrießen, sie weiter als blos an jener Stelle unter dem Fenster zu verfolgen; sie konnten gar zu wichtig werden. Anfangs war meine Mühe vergeblich, denn sie verloren sich in einem harten Erdwege; aber an dessen Ende hatte der Dieb über die Hecke des Gartens setzen müssen, und unmittelbar an derselben hatte der Weg eine weichere Stelle, und hier fand ich die frisch eingegedrückte Spur eines Fußes. Ich glaubte noch zu erkennen, wie der Mensch namentlich den vorderen Theil des Fußes fest eingedrückt hatte, um mit einem tüchtigen Satze sich in die Höhe zu schwingen. Die Spur zeigte einen ziemlich kleinen Mannsfuß, der einen Schuh oder Stiegel ohne Absatz getragen hatte. Andere, besondere Merkmale hatte er nicht. Ich zeichnete auf einem Bogen Papier, den ich mitgenommen hatte, eine vollkommen genaue Abbildung der Spur.

Ich hatte diese Verfolgung der Spur allein vorgenommen, selbst ohne Wissen des Bestohlenen. Er war im Hause geblieben. Ich kehrte jetzt in dasselbe zurück, um unbemerkt meine Abbildung mit seinem Fuße wenigstens im Allgemeinen zu vergleichen. Ich hatte ihn in der Küche, dem gewöhnlichen häuslichen Aufenthalte, verlassen. Bei meiner Rückkehr war er nicht mehr da. Die Thür stand offen, und ich war daher durch diese ohne Geräusch eingetreten. Schon beim Eintreten hörte ich ein Gespräch in jener Stube neben der Küche, welche der Hausherr mir am gestrigen Abende als die gewöhnliche, zugleich zum Schlafgemache dienende

Wohnung bezeichnet hatte. Ich unterschied die Stimmen von Mann und Frau. Ich mußte unwillkürlich hinhören. Sie sprachen nicht leise, sie schienen kein Geheimniß zu haben. Was ich hörte, ließ mich den Zweck meines Eintretens vergessen. Der Mann hatte der Frau den erlittenen Verlust mitgetheilt. Die vollständige Fassung, die er mir gegenüber bewahrt hatte, schien ihn dabei verlassen zu haben. Die Frau tröstete ihn. „Wir werden nicht zu Grunde gehen, lieber Mann."

„Aber es ist ein großes Unglück."

„Wir bedurften ja des Geldes nicht, wir haben hier Alles bezahlt. Außerdem leben wir sparsam, sind fleißig und der Hof ist einträglich. Es fehlt uns an nichts, und wenn kein Unglück kommt, so können wir in ein paar Jahren den Verlust ersetzt haben. Darum tröste Dich, mein guter Mann, und laß uns Gott danken, daß er nichts Schwereres über uns geschickt hat. Es hatte Dir oder unseren lieben Kinderchen ein Unglück zustoßen können."

Die Frau sprach Alles mit einer außerordentlich weichen, innigen, so recht tief aus dem Herzen kommenden Stimme. Sie mußte ein braves Herz haben und mit diesem den Mann so recht innig lieben. Ich meinte, sie zu sehen, wie sie mit dem schönen, feinen, blassen Gesichte, das ich gestern Abend nur im Fluge hatte betrachten können, liebend und bittend vor ihm stand, ihn zu ermuthigen und aufzurichten. Den finsteren Mann, mit dem unheimlichen Kainszeichen im Gesichte! Er hatte aus ihren Worten eins aufgegriffen.

„Wenn kein Unglück kommt, sagst Du? Wenn es nun kommt? Gerade dazu lag das Geld da."

„Laß uns nicht daran denken," unterbrach ihn rasch die Frau.

„Doch, doch. Müssen wir nicht daran denken? Was dann?"

„Gott wird für uns sorgen."

„Gott? –"

Auf einmal hörte ich ein Wort, über das mir das Blut in den Adern erstarren wollte. Sie hatten bisher Beide deutsch gesprochen. Ich hatte nicht darauf geachtet, trotz dessen, was der alte Bauer mir über die fremde Sprache gesagt hatte, in der sie mit einander redeten, wenn sie sich ganz allein glaubten. Der Inhalt ihres Gesprächs hatte mich nicht daran denken lassen. Um so mehr überraschte, ergriff mich das fremde Wort, das ich jetzt auf einmal hörte. Es war nur ein einziges Wort und hatte so völlig gleichgültige Bedeutung.

„Klausik!" flüsterte der Mann, sich selbst unterbrechend, plötzlich, rasch, hastig, wie in völliger Vergessenheit, der Frau zu. Gleichzeitig öffnete er die Thür, um zu sehen, ob Jemand in der Küche sei.

Klausik! Es war ein litthauisches Wort. Es heißt „Horch!" Aus Litthauen waren sie? Litthauer? Eine Fluth von Gedanken überstürzte mich; eine Fluth von Erinnerungen und Combinationen. Ich war, wie ich bereits oben erzählte, mehrere Jahre in Litthauen Criminalrichter gewesen. Alle schweren

Verbrechen, die dort verübt und deren Thäter unbekannt geblieben waren, alle schweren Verbrecher, von denen ich gehört, die ich aber nicht selbst kennen gelernt hatte, standen vor mir, und Alles vereinigte sich in dem Manne mit dem Kainszeichen, der in diesem verborgenen Erdwinkel sich zu verbergen gesucht hatte, den die allgemeine Volksstimme für einen Verbrecher erklärte, der noch so eben an Gottes Vorsehung und Barmherzigkeit gezweifelt hatte. Mein Kopf verwirrte sich. Ich hatte nur einen klaren Gedanken, daß ich dem Manne, der mich beobachtete, kein Zeichen einer Ueberraschung zeigen dürfe. Ich sammelte mich. Auch er hatte sich zusammen genommen und trat mit einem möglich gleichgültigen Gesichte zu mir in die Küche. Zugleich kam von einer anderen Seite, vom Hofe her, mein Kutscher herein. Er meldete mir, daß mein Wagen wieder in Ordnung, daß er angespannt und Alles zur Abreise bereit sei. Die Kosten der Reparatur des Wagens hatte er berichtigt. Ich dankte dem Hauswirth, gab seinen Leuten ein Trinkgeld und reiste dann ab.

Ich mußte jetzt meine Gedanken ordnen, klar machen und überlegen, was weiter zu thun sei. An eine Vergleichung meiner Abbildung der Fußspur mit dem Fuße des Bestohlenen hatte ich nicht mehr gedacht. Man ist zu Zeiten ein schlechter Criminalbeamter. Aber der Fuß lief mir ja, nicht davon, wenn der ganze Mann nicht weglief. Und dann, war jenes Gespräch zwischen Mann und Frau nicht auch der sicherste Beweis, daß der Diebstahl wirklich verübt und nicht ein vorgespiegelter war? Freilich, konnte es nicht auch darauf berechnet sein, daß ich es hören werde? Mein Kutscher hatte nun nicht genug die gute Aufnahme zu rühmen, die er gefunden hatte. – Ich konnte meine Gedanken ordnen; aber klarer sah ich darum nicht. Von allen Verbrechern und Verbrecherinnen jenes Landes, an die ich zurückdenken mußte, wollte Niemand zu dem Manne und zu der Frau passen, unter deren Dache ich Aufnahme gefunden hatte; das Alter war anders gewesen, die Person, der Grad von Bildung, Alles. Nur ein Bild wollte sich besonders hervordrängen; es war das eines Verbrecherpaares. Aber die Frau, oder vielmehr das Mädchen, lebte nicht mehr; sie hatte auf entsetzliche Weise, durch das eigene Verbrechen, in der Flammengluth ihre schwere Schuld büßen müssen.

Vor der Hand konnte ich nichts machen. Selbst von brieflichen Erkundigungen nach Litthauen hin war bei dem Wenigen, das ich als Anhalt angeben konnte, kein Resultat zu hoffen. Ich mußte jedenfalls warten, bis ich Gelegenheit haben werde, über die beiden Menschen Näheres zu erfahren. Diese Gelegenheit bot sich dar, wenn ich nach Ablauf jener acht Tage weitere Untersuchungen über den verübten Diebstahl einleiten durfte und mußte. Ich beschloß, so lange zu warten; ich sollte es jedoch nicht müssen. – Am dritten Tage nach jenem nächtlichen Abenteuer ließ sich eine Frau Heimann bei mir melden. Es mußte die Frau des verdächtigen Mannes sein, bei dem ich übernachtet hatte, dieselbe Frau, die ich damals nur flüchtig, mit halbem Blicke gesehen hatte. Was konnte sie von mir wollen? Sie wünsche mich eilig, dringend zu sprechen, sagte der Gerichtsbote, der sie anmeldete, Sie sei in großer Aufregung, sie könne ihre Thränen nicht zurückhalten. Ich ließ die Frau sofort zu mir kommen. Ich erkannte sie wieder, wie flüchtig ich sie auch nur gesehen hatte, wie sehr das Gesicht von Schmerz und von heftigem Weinen entstellt war. Es war schön, dieses blasse, feine, regelmäßige Gesicht mit seinen großen, schwarzen, melancholischen Augen mit dem Ausdrucke eines Grames, eines Leidens, das von dem heutigen heftigen Schmerze nicht erst erzeugt sein konnte, der schon seit Jahren die feinen Züge durchzogen, aber auch veredelt haben mußte. Ihre ganze schlanke Gestalt war schön. Es lag etwas außerordentlich Anziehendes, beinahe Ergreifendes in ihrer Erscheinung. Sie trug auf ihrem Arme ein Kind von einem halben Jahre, einen Säugling, von dem die Mutter sich nicht hatte trennen können. Das Kind erhöhte das Interesse für sie.

„Retten Sie meinen Mann!" rief sie hastig. „O Herr, lieber, lieber Herr, retten Sie ihn. Sie allein können ihn retten." Sie wollte, mit dem Kinde in dem Arme, vor mir niederfallen. Ich war furchtbar ergriffen. Nicht von der Angst der Frau, die allerdings einer Todesangst glich. Etwas Anderes war es: die Sprache, die Bewegungen der Frau. Das waren vollständig Aussprache, Betonung, Wendungen, mit denen die Litthauer, wenn sie des Deutschen mächtig sind, diese Sprache reden. Nur in Litthauen hatte ich es erlebt, daß die Frauen – der unteren Stände – wenn sie recht dringende Bitten hatten, in die Kniee sanken, die Stiefel, den Saum des Rockes dessen umfaßten, an den ihre Bitten gerichtet waren. – Das Bild des litthauischen Verbrecherpaares stand wieder vor mir. Und diese schöne, unglückliche Frau mit dem blassen, leidenden Gesichte, mit dem tiefen Schmerze, mit der Todesangst um den Mann, gehörte zu dem Paare? – O doch, auch ihre Angst ergriff mich. Ich ließ sie sich setzen. Sie mußte mir dann erzählen.

Ihr Mann hatte ihr den Diebstahl mitgetheilt. Er hatte ihr auch anvertraut, daß er auf Jemanden Verdacht habe, und ihr diesen genannt. In dem Kirchdorfe, zu dessen Kirchspiele auch der Hof ihres Mannes gehörte, wohnte schon seit acht bis neun Jahren ein alter Mann, von dem es hieß, daß er früher in dem Nachbarlande einen bedeutenden Holzhandel betrieben und dabei viel Geld verdient habe, und der sich in das Dorf zurückgezogen hatte, um dort seine alten Tage in Mühe zuzubringen. Er lebte ganz allein in einem kleinen Hause, das er sich in einer abgelegenen Gegend des Dorfes gekauft hatte. Er war ein alter Junggeselle, der wenig zugänglich, aber dennoch im Dorfe beliebt war, weil er der regelmäßigste Besucher der Kirche war, den Armen Gutes that, gegen mäßige Zinsen Gelder auslieh und Schuldner nicht drückte. Er hieß Keller. Diesen Menschen hatte ihr Mann wegen des gegen ihn verübten Diebstahles in Verdacht.

Das schleichende Wesen des Menschen, der Niemandem in die Augen sehen konnte, war ihm schon lange aufgefallen; er hatte es in Verbindung gebracht mit den vielen Diebstählen, die seit einem halben Jahre begangen waren. Er hatte ihn beobachtet, um so mehr, als es ihm nicht entging, daß er selbst, Heimann, für den Urheber dieser Diebstähle gehalten werde, und als ihm der Gedanke kam, jener möge seine, des Fremden, Ankunft in der Gegend benutzt haben, um verdachtlos endlich wieder zu einem Gewerbe zu greifen, das er wahrscheinlich schon vor Jahren im Auslande getrieben, und mühsam genug so manches Jahr seitdem hatte unterlassen müssen. Schon mehrere Tage vor dem Diebstahl hatte er den Mann am Abend in der Umgegend seines Hofes umherschleichen sehen; er hatte ihn jedoch nicht mit voller Sicherheit erkannt. Dasselbe war am Abend vor dem Diebstahl der Fall gewesen. Er hatte ihn in der Heide gesehen, unweit des Weges, der von dem Kirchdorfe nach der Bauerschaft führte, in welcher der Heimann'sche Hof lag. Um sich zu vergewissern, daß er sich nicht irre, hatte er, ehe der Andere ihn bemerken konnte, rasch einen Seitenweg eingeschlagen, der ihn Jenem gerade entgegenführen mußte.

Auf dem Wege hatte ich ihn angerufen, und um mir Hülfe zu leisten, hatte er seine weitere Verfolgung aufgegeben.

In der Nacht war er bestohlen. Nur Keller konnte nach seiner Meinung der Dieb sein, er mußte diesen entdecken, er mußte wieder zu seinem Gelde kommen. Wie das anfangen?

Bei Tage saß der fromme Mann Keller in der Kirche oder in seinem Hause und betete; bei Nacht mußte er also seinem Verbrechen leben.

Heimann begab sich jeden Abend in die Nähe des Keller'schen Hauses, und ließ dessen Ein- und Ausgänge die ganze Nacht nicht aus den Augen. Zwei Nächte hatte er vergeblich auf der Lauer gestanden, der Mensch hatte sich nicht sehen lassen, sich nicht gerührt, Haus und Umgebung waren still und dunkel geblieben.

Am dritten Abend war er wieder hingegangen. Es war am Abend vor dem Tage, an welchem die Frau bei mir war. Er war nicht zurückgekehrt. Aber schon früh am Morgen war die Gegend in einer eigenthümlichen Unruhe gewesen. Auch an dem Heimann'schen Hofe waren Menschen hin und her gerannt. Der Frau hatte sich eine große Angst bemächtigt. Es war ihr vorgekommen, als wenn die Menschen nach ihrem Hause, nach ihr so sonderbare Blicke richteten. Sie hatte ihre Leute ausgeschickt, sich zu erkundigen, was vorgefallen sei. Man habe in der Nacht im Dorfe einen Dieb, einen Räuber gefangen, war ihr berichtet worden, dann, an der Keller'schen Wohnung sei der Dieb gefangen, endlich, ihr Mann sei es. Ihr Mann habe in der Nacht dem Keller sein Hab und Gut stehlen wollen, dreihundert Stück Friedrichsd'or, die der alte brave Mann sich mühsam erspart und für seine alten Tage zurückgelegt habe. Aber Keller habe den stechen Räuber ertappt, mit ihm gerungen, um Hülfe gerufen und ihn gehalten, bis Hülfe gekommen sei.

Endlich habe man den verwegenen, gefährlichen Dieb und Räuber, der so lange die Gegend unsicher gemacht, so viele Verbrechen verübt, dem man so lange nachgespürt, dessen man nie habe habhaft werden können.

Die Nachricht hatte sich wie ein Lauffeuer durch die ganze Nachbarschaft verbreitet. Von allen Seiten war man nach dem Dorfe zusammengelaufen. Alles war mit wüthender Freude über den Fang hingerannt. Im Zusammentreffen hatte Zorn und Wuth sich gesteigert. Man müsse sofort über den Verbrecher Gericht halten, die Strafe müsse auf der Stelle folgen; bei den Gerichten werde ein so schlauer und gewandter Verbrecher sich durchlügen. Eine vorläufige Freisprechung sei ja das gewöhnliche Ende der langwierigen, jahrelangen Untersuchungen gegen solche listige Diebe.

Der Fanatismus des Volkes ist leicht erregt, und Elemente und Gründe zu einer Lynchjustiz finden sich nicht blos in Amerika.

Heimann war in das Gemeindehaus des Dorfes gebracht. Der Schulze des Dorfes hatte ihn dort gleich anfänglich eingesperrt, bevor das Volk tumultuarisch geworden war. Er war dann darin belagert, man hatte sein Herausgeben verlangt, aber der Schulze hatte dieses verweigert.

Die unglückliche Frau war auf diese Nachrichten zu dem Dorf geeilt, und hatte vergeblich die Unschuld ihres Mannes betheuert. Man hatte sie nicht zu ihm lassen wollen, man hatte nur die Herausgabe des Räubers verlangt, um an ihm eine Strafe zu vollziehen, wie ein solcher Bösewicht sie verdiene. In ihrer Angst hatte die Frau keinen andern Rath gewußt, als zu mir zu eilen. Sie war nach Hause zurückgekehrt, hatte einen Wagen anspannen lassen, und war zu mir herübergefahren. Sie bat mich, sie zu dem Dorfe zurückzubegleiten. Ich sei der Einzige, der ihren Mann retten könne. Ich wisse, daß ihr Mann nicht der Dieb, sondern der Bestohlene sei. Sie flehte mich an, ihn zu retten. Das waren die Mittheilungen, die Bitten der Frau.

Sie hatte Recht; ich konnte ihren Mann retten, ich mußte ihn retten, vollständig, wenn er wirklich der Bestohlene war, was ich jetzt leicht glaubte ermitteln zu können. Wenigstens vor der Wuth des Volkes, wenn ich auch nicht sofort seine Unschuld herausstellen konnte.

Ich fuhr auf der Stelle hinaus nach dem Dorfe. Bei dem Landrathsamte requirirte ich Gensd'armen, die meinem Wagen vorausreiten mußten, um möglich schon vorher weitere Excesse zu verhüten. Protokollführer und Executoren des Criminalgerichts nahm ich mit mir. Auch die Frau Heimann nahm ich mit. Die arme Frau war mit dem Kinde an der Brust auf einem offenen Leiterwagen gekommen. Es war regnerisches, stürmisches, rauhes Wetter. Ich ließ sie mit ihrem Kinde zu mir und dem Protokollführer in den Wagen steigen.

Ich zweifelte nicht, daß es mir gelingen werde, die Unschuld ihres Mannes in Beziehung auf den Diebstahl herauszustellen. Aber welche andere, größere, entsetzlichere Schuld mußte ich dennoch auf ihn werfen! Und nicht blos auf ihn! Auch auf die Frau, auf die unglückliche, jammernde, in ihrer Todesangst, den unschuldigen Säugling an der Brust, mir gegenübersitzende, schuldige Frau!

Ich konnte sie nicht ansehen, ohne daß ich selbst von einer Angst ergriffen wurde. War sie die Schuldige, die ich meinte, irrte ich mich nicht, so hatte sie, wie jung sie war, schon durch so manches Jahr in schweren Leiden sich hinquälen müssen, in Leiden eines brechenden Herzens, einer blutigen Schuld, einer furchtbaren Strafe, der Angst vor neuer Strafe, aus der es keine Erlösung gab. Und dieser neuen furchtbaren Strafe sollte ich sie dann unbarmherzig überliefern!

Und ich irrte mich nicht. Je mehr ich über Alles nachsann, über Vergangenes und Gegenwärtiges, über Entferntes und Nahes, desto gewisser, desto unzweifelhafter wurde es mir, daß ich mit meinen schrecklichen Vermuthungen auf einem dunkeln, aber richtigen Wege, auf einer blutigen, aber nicht auszulöschenden Spur war. –

Am 3. August 1828 war die Strafanstalt zu R. in Litthauen abgebrannt. Das Feuer war am späten Abend ausgebrochen und hatte plötzlich Alles in tiefem Schlafe überrascht. Mehrere Menschen, Gefangene, wie selbst Mitglieder der Familien von Beamten, die in der Anstalt wohnten, waren in den Flammen umgekommen. Noch schrecklicher hatten andere oben im dritten und vierten Stock eingesperrte Gefangene den Tod gefunden, indem sie in ihrer Todesangst vor den Flammen von da hoch oben sich aus den Fenstern gestürzt hatten, um unten in der fürchterlichen Tiefe zerschmettert zu werden.

Das Feuer war vorsätzlich angelegt, darüber blieb kein Zweifel. Aber wer war der Thäter? Man wußte es nicht. Die genaueste, die sorgsamste und unermüdlichste Untersuchung konnte es nicht ermitteln. Mancher Verdacht erhob sich, keiner konnte bestätigt werden. Der am meisten getheilte und auch der dringendste, wahrscheinlichste war folgender.

In einem abgelegenen Dorfe an der polnischen Grenze lebte in guten Umständen eine Krügerswittwe, Namens Lenuweit. Sie hatte eine einzige Tochter, ein bildschönes Mädchen von sechzehn Jahren. Madline Lenuweit war der Augapfel ihrer Mutter, der Liebling Aller, die sie kannten. Sie verdiente es, denn sie war eben so brav, gut und sanft, wie sie schön war. Aber sie war unerfahren. Sie wurde, noch nicht volle siebenzehn Jahre alt, die Beute der Verführung.

An der polnischen Grenze wurde mancher Schmuggel getrieben. Die Schmuggler hielten sich in den Krügen der preußischen Grenzdörfer auf, um die günstige Zeit und Gelegenheit für ihr Gewerbe abzuwarten und schnell zu benutzen. Sie kamen oft aus entfernten Gegenden.

Als Madline eben sechzehn Jahr alt geworden war, quartierten neue Schmuggler sich in dem Kruge ihrer Mutter ein. Sie waren die Memel heraufgekommen, und hatten das Schmugglergeschäft bisher an der russischen Grenze getrieben, in der Nähe der Stadt Memel. Dort war es durch verstärkte Grenzsperre seit Kurzem gefährlicher geworden; es hatte daher zu stocken angefangen. An der polnischen Grenze mußte es um so mehr blühen. So hatten sie gedacht und so war es. Sie fanden Arbeit und Verdienst in Fülle und blieben. Es waren entschlossene, muthige litthauische Bursche. Unter ihnen zeichnete sich besonders Einer aus, Ansos Szellwat. Er war der entschlossenste, der muthigste, der gewandteste von Allen, er war der Anführer seiner Gefährten, mit denen er gekommen war, er wurde bald der Anführer sämmtlicher Schmuggler an der Grenze. Er wurde auch etwas Anderes, der Verführer der schönen, sanften, unschuldigen, unerfahrenen Madline Lenuweit.

Auch er war jung, der schönste Mann, den man sehen konnte, und so gewandt, so muthig, so unternehmend, und täglich in Todesgefahr, Und wenn er bei ihr war, wenn er neben ihr saß, war er so sanft und bescheiden, selbst schüchtern, und er schwor, daß sein Herz nur sie liebe, und daß er ohne sie nicht leben könne, und daß er, wenn sie nicht sein Weib werde, sich die erste beste Kosakenkugel durch das Herz jagen lasse.

Und er liebte sie wirklich. Sie liebte auch ihn.

Aber er war Schmuggler und hatte nichts, und sie war die einzige Tochter der reichen Krügerswittwe, und der Krug mit Allem, was dazu gehörte, mit Hausrath und Leinewand und Geld und ausstehenden Capitalien wurde künftig ihr Eigenthum. Ihre Mutter verweigerte hartnäckig die Einwilligung zu der Verbindung der Beiden. Da verführte er das Märchen, und die Mutter gab ihre Einwilligung, um ihr einziges Kind nicht der Schande zu übergeben.

Der Tag der verspäteten Hochzeit war angesetzt, da erschienen Criminalbeamte und Gensd'armen in dem Kruge, um Ansos Szellwat zu verhaften, – nicht den Schmuggler, aber den Dieb, den Räuber, der wegen vielfacher Verbrechen zu einer fünfundzwanzigjährigen Zuchthausstrafe verurtheilt und vor Jahr und Tag aus der Strafanstalt zu R. entsprungen war. Er wurde in das Zuchthaus zurückgeführt.

Wenige Tage darauf genas Madline Lenuweit von einem Knäblein, und brachte in ihrer Verzweiflung das Kind um. Sie wurde zu lebenslänglicher Zuchthausstrafe verurtheilt. Die Richter hatten ihre Verzweiflung als einen Milderungsgrund angesehen und deshalb die gesetzlich verwirkte Todesstrafe ausgeschlossen. Madline wurde in dieselbe Strafanstalt zu R. abgeliefert, um dort ihre endlose Strafe zu verbüßen. Die Arme zählte gerade achtzehn Jahre!

Wahrend ihrer Untersuchung war Ansos Szellwat aus dem Zuchthause zum zweiten Male entsprungen. Er mußte zu seiner Verlobten, denn er konnte nicht leben ohne sie und hätte, um sie nur einen Augenblick wieder zu sehen, zehnmal sein Leben gewagt. Er sah sie nicht wieder. Sie saß in der engen Haft der Untersuchung und nach einigen Wochen in dem

Zuchthause, dem er entsprungen war.

Er konnte nicht leben ohne sie; er mußte wieder mit ihr vereinigt werden, er gestellte sich selbst, und kehrte freiwillig in die Strafanstalt zurück. Welch eine Gewalt hat und gibt die Liebe! Auch in dem Herzen des Verbrechers! Er war mit ihr wieder unter einem Dache, und nach einigen Monaten sah er sie wieder. Die Gefängnißeinrichtung war damals noch vielfach mangelhaft in Preußen. Auch die Beaufsichtigung in den Gefängnissen ließ Vieles zu wünschen übrig, und jetzt noch wird nicht Alles sein, wie es sein sollte, und es kann auch nicht so sein. Nachlässige Gefangenwärter wird es zu allen Zeiten geben, mit oder ohne „zwölf Jahre gediente Unterofficiere". Und die Gefangenen selbst – es gibt in der menschlichen Gesellschaft keine Gesellschaft, die mehr zusammenhielte, im Guten wie im Bösen, im Mitleiden wie im Haß, und vor Allem im Betrügen der Gefängnißbeamten. Aber es gibt unter ihnen auch Verräther. Daß Ansos Szellwat und Madline Lenuweit sich sahen, wurde verrathen. Sie wurden auf das Strengste von einander abgesperrt, und sahen sich nicht wieder.

Drei Monate später brannte die Strafanstalt ab. Das Feuer war angelegt.

Wer war der Thäter?

In dem Hause hatten sich über fünfhundert Gefangene befunden. Nur einer von ihnen konnte der Brandstifter sein. Auf keinen der Beamten fiel nur der geringste Verdacht. Von außen war das Feuer nicht angelegt, sondern in einem der großen Arbeitssäle des Hauses ausgebrochen. Von dort, wo des leicht brennbaren Materials sich so Vieles befand, Maschinen, Räder, Webstühle. Flachs. Hanf. Wolle und Aehnliches, hatte es mit rasender Schnelligkeit sich weiter verbreitet und bald das ganze Gebäude ergriffen und in Asche gelegt.

Es war am Abend des Geburtstags des Königs. Die Beamten der Anstalt hatten den Tag gefeiert und erwachten, als das Feuer sie weckte, aus um so schwererem Schlafe. Der Director der Anstalt war zu derselben Feier in der größeren Nachbarstadt abwesend. Um so mehr hatten die anderen den Kopf verloren. Das Unglück wurde entsetzlich.

Wer war sein Urheber? Der anfangs herumschweifende und sich zersplitternde Verdacht vereinigte sich bald. Ansos Szellwat hatte die Freiheit seines Lebens zum Opfer gebracht, um die Geliebte wieder zu sehen. Madline Lenuweit war in der Verzweiflung der Liebe zur Mörderin ihres Kindes geworden. Beide hatten sich wieder gefunden, waren auseinander gerissen und hatten sich nicht wieder gesehen.

Aber ermittelt wurde, daß ein eifrig frommer Gefangenaufseher, der mehreren Missions- und Tractätchengesellschaften angehörte und der, wo er konnte, fromme Tractätchen unter den Gefangenen verbreitete, solche Schriftchen auch an Ansos Szellwat und Madline Lenuweit abgegeben hatte. Der gewandte und schlaue Bursch hatte den frommen und eifrigen Beamten vermocht, manchmal die Schriftchen unmittelbar von ihm der

Madline zu überbringen. So war der Gefangenwärter unzweifelhaft zugleich der Briefträger des Gefangenen geworden.

Die Mitgefangenen Madlinens hatten bald eine besondere Unruhe an ihr bemerkt, namentlich jedesmal, wenn sie ein neues Tractätchen bekommen hatte. Einzelne wollten auch in den kleinen Büchelchen eine Menge Nadelstiche gefunden haben, deren Bedeutung ihnen unerklärlich geblieben war. Hinterher blieb kein Zweifel über diese Bedeutung.

In den letzten Tagen vor dem dritten August hatte ihre Unruhe sich gesteigert. An dem genannten Tage selbst war sie eine fieberhafte gewesen. Bei dem Ausbruche des Feuers und des Feuerlärms und auch später halte man nicht auf sie geachtet. Jeder hatte nur mit sich selbst zu thun.

Ansos Szellwat, der schlaue, besonnene, erfahrene Verbrecher hatte sich mehr zu beherrschen gewußt. An ihm hatte man nicht die geringste Veränderung, keine Spur einer Unruhe wahrgenommen. Aber er wußte aus früherer Zeit, daß der Geburtstag des Königs von den Beamten der Anstalt gefeiert werde; daß des Abends früher als sonst die Arbeitssäle geschlossen wurden; daß dann an diesem Tage jeder Beamte zu der Feier eile und dränge; daß von dem Augenblicke der Schließung an jede Beaufsichtigung der Säle um so mehr aufhöre. In dem Saale, in dem er gearbeitet hatte, war das Feuer zuerst ausgebrochen. Ein Aufseher wollte sich gar erinnern, daß Ansos Szellwat der Letzte gewesen, der den Saal verlassen hatte.

Als nach dem ersten Feuerrufe die Zelle, in der Ansos Szellwat mit mehreren Gefangenen faß, geöffnet war, hatten dieselben zum Zweck des Löschens und Reitens zusammengehalten; ihn jedoch hatte von dem Momente an kein Einziger wieder gesehen; er war verschwunden geblieben. Die später in dem Schutthaufen aufgefundenen männlichen Leichname waren sämmtlich erkannt; der seinige war nicht darunter. Er mußte also während des Brandes entkommen sein.

Auch Madline Lenuweit war seit dem Feuer spurlos verschwunden. Aber von ihr wurde vermuthet, daß sie in den Flammen ihren Tod gefunden habe. Eine Gefangene hatte sie während des Brandes gesehen; sie war in einem der langen Corridore des brennenden Gebäudes wie eine Wahnsinnige umhergerannt. Es schien, daß sie den Ausweg durch Rauch und Flammen nicht habe finden können. Die Gefangene hatte ihr zugerufen, sie hatte aber den Ruf nicht gehört; sie mußte die Besinnung verloren haben. In derselben Gegend wurde später unter den verbrannten Trümmern ein vollständig verkohlter weiblicher Leichnam gefunden. Erkennen konnte ihn Niemand; aber er konnte nur der ihrige oder freilich auch der einer gleichfalls seitdem vermißten Szamaitin sein.

Gleich nach dem Brande waren hinter Ansos Szellmat Steckbriefe erlassen worden, und zur Vorsorge auch hinter Madline Lenuweit; sie waren aber ohne Erfolg geblieben, – selbst da noch, als ich einige Jahre später nach Litthauen kam, und auch, als ich mehrere Jahre nachher aus der Provinz wieder versetzt wurde. – Die Geschichte von Ansos Szellwat und Madline Lenuweit hatte ich oft gehört und als eine vielfach interessante selbst in den Acten gelesen. Sie stand heute wieder lebendig vor mir. Um so lebendiger, je mehr die Angst mich ergriff, daß ich jetzt, nach Jahren, die Verbrecher wieder gefunden habe, daß Madline Lenuweit, die unglückliche Verführte, in dem Wagen vor mir sitze, das blasse, von Angst und Schmerz verzehrte liebende Weib, die Mutter des Säuglings, der an ihrer Brust schlummerte. Ich wagte nicht, sie anzusehen, um ihr meinen Verdacht nicht zu verrathen, und doch wollten meine Augen nicht von ihr lassen. Ich hatte hundert Mal die Namen Madline Lenuweit und Ansos Szellwat auf der Zunge, aber ich konnte sie nicht aussprechen. Und ich mußte es doch einmal. – Ich fuhr zwei angstvolle Stunden mit der unglücklichen Frau. Aber ihre Angst war noch größer, als die meinige. Wir kamen endlich in dem Dorfe an, in welchem Heimann gefangen gehalten wurde. Er befand sich noch in dcm Gemeindehause, von der Menge bewacht. Aber diese hatte seit der Ankunft der schon vor mir eingetroffenen Gensd'armen, die mich angekündigt hatten, sich ruhig Verhalten. Es muß hart kommen, wenn das deutsche Volk zur wirklichen Ausübung der Lynchjustiz greifen soll. Als ich versicherte, daß sofort schleunige und unparteiische Untersuchung erfolgen und den Schuldigen strenge Strafe treffen werde, wurde der Gefangene mir ohne alle weitere Widerrede ausgeliefert. Am eifrigsten für die Auslieferung sprach der kleine, alte Bauer, der zuerst bei mir den Verdacht der verübten Diebstähle auf Heimann zu lenken gesucht hatte. Er war mit vielen anderen Befohlenen da, und er hatte jetzt Muth, wie ein Löwe.

„Der Herr weiß Alles," versicherte er der Menge. „Ich habe ihm Alles mitgetheilt und wir können uns ruhig auf ihn verlassen. Der Dieb, der Räuber wird seiner Strafe nicht entgehen. Ja, Volkesstimme ist Gottesstimme. Und gezeichnet hat Gott den Menschen mit dem echten, richtigen Kainszeichen."

„Ja," sprachen die Anderen ihm nach, „das Kainszeichen trägt er im Gesichte, und Volkesstimme ist Gottesstimme."

Sollten sie Recht haben, wenn gleich nach einer ganz anderen Richtung hin, als sie meinten?

Ich verfuhr sofort mit der Untersuchung über den Vorfall der Nacht und nahm die Verhandlungen in dem Gemeindehause des Dorfes vor, streng nach den Vorschriften des Gesetzes. Namentlich mußten sämmtliche Personen, außer den jedes Mal zu vernehmenden, sich entfernen. Ich begann mit dem Verhöre des angeblich zuletzt Befohlenen, Keller mit Namen. Er war ein kleiner, feiner, frommer, stiller, milder Mann. Man mußte ihn sehr genau und scharf ansehen, um in dem heilig gen Himmel empor oder demüthig zur Erde niederschauenden und daher jedes Menschen Blick meidenden Auge die tiefe, lauernde Verschlagenheit zu entdecken. War er der Dieb und nicht der Bestohlene, so hatte ich jedenfalls einen schweren Stand mit ihm.

„Sie sind heute Nacht bestohlen?"

„Ja, und dazu räuberisch überfallen."

„Erzählen Sie den Hergang."

„Ich habe mir mit Gottes Hülfe ein kleines Capital gespart. Die Welt ist schlecht; man hört überall von Diebstählen. Ich wohne hier allein, am Ende des Dorfes, da muß ich mein Geld verwahren, so gut ich kann; daher vergrub ich es in meinem Garten, an einer Stelle, an der kein Mensch Geld vermuthete; denn in meinem Hause konnte man es überall suchen."

„Wo war die Stelle?" unterbrach ich ihn.

„In einem Blumenbeete nahe am Hause. – Heute Nacht nun wurde ich auf einmal wach. Meine Stube liegt nach dem Garten hin. Ich meinte, in dem Garten ein Geräusch zu hören, dicht unter meinem Fenster. Dort war das Beet, in dem ich mein Geld vergraben hatte. Ich sprang auf. Da sah ich einen Menschen, der in der Richtung von dem Beete fortlief. Ich erkannte ihn in der Dunkelheit nicht; aber er mußte mich bemerkt haben. Er lief fort und sprang über die Gartenhecke. Dann sah und hörte ich nichts mehr von ihm. Ich wartete noch eine halbe Stunde. Nun mußte ich aber wissen, ob ich bestohlen sei oder nicht. Ich ging in den Garten, nach dem Beete. Die Erde war aufgewühlt, an der nämlichen Stelle, an der ich mein Geld verborgen hatte. Ich mußte mich überzeugen, ob es noch da sei. Ich eilte in das Haus zurück, holte einen Spaten und grub die Erde weiter auf. Das Geld war noch da; ich hatte den Dieb unterbrochen. Aber es war einmal verrathen und ich nahm es zu mir, um es in das Haus zu tragen. In demselben Augenblicke erhielt ich einen Schlag in den Nacken, und der Beutel, in dem mein Geld war, wurde mir aus der Hand gerissen. Der Mensch, den ich vorher gesehen, mußte in der Nähe des Gartens geblieben und, als ich den Spaten holte, wieder hineingekommen sein. Während ich dann grub, hatte er sich an mich herangeschlichen, um mich des Geldes zu berauben. Nachdem er nun im Besitz desselben war, wollte er damit fortspringen, aber ich hatte ihn trotz des Schlages schon gefaßt, hielt ihn fest und rief um Hülfe. Er suchte sich loszureißen, aber es gelang ihm nicht; denn ehe er entkommen konnte, waren die Nachbarn da, und er mußte sich ergeben. Wir erkannten in ihm den Bauer Heimann. Das Geld wurde von den Nachbarn selbst noch in seinen Händen gefunden. Er hatte die freche, gottlose, aber, Gott sei Dank, einfältige Ausrede, ich hätte ihm das Geld gestohlen und er habe nur sein Eigenthum wiedergeholt."

Das war die Erzählung des frommen Mannes. Sie war innerlich glaubwürdig, denn sie wurde mit allen Zeichen der Wahrheit vorgebracht. Ich selbst hätte, wenn ich nicht vor vier Nächten in dem Heimann'schen Hause gewesen wäre, in sie keinen gegründeten Zweifel setzen können, dagegen die Behauptung des Heimann, er habe nur sein ihm gestohlenes Eigenthum zurückholen wollen, für eine nicht seltene, aber in der That eben so freche, wie einfältige Diebesausrede halten müssen. Wie um so mehr fest und unerschütterlich mußte die Ueberzeugung der Leute sein, die in Keller nur den frommen, wohlthätigen Mann, in Heimann aber nur einen von Gott gezeichneten Dieb sahen! Die Ermittelung der Wahrheit mußte mir hier sehr schwer werden. Ich hatte bis jetzt nur wenige Fragen an den frommen Mann.

„In welcher Weise konnte an Heimann die Stelle verrathen sein, wo Sie Ihr Geld vergraben hatten?"

„Ich habe zuweilen in der Nacht, wenn ich mich allein glaubte, nach meinem Gelde gesehen. Der Spitzbube, der wußte, daß ich manchmal armen Leuten aus der Noth helfe, also Geld haben muß, mag schon lange um mein Haus herum spionirt haben."

Die Angabe war glaublich.

„Seit welcher Zeit haben Sie das Geld draußen vergraben?"

„Seit einem halben Jahre, seitdem die vielen Diebstähle in der Gegend vorkommen."

„Wie viel betrug die gestohlene Summe?"

„Gerade dreihundert Stück preußische Friedrichsd'or."

„Lauter Preußische Goldstücke?"

„Es war kein fremdes darunter."

„Seit wann hatten Sie die Summe liegen?"

„Ich habe sie schon vor neun Jahren mit hierher gebracht. Sie sollte mein Nothpfennig bleiben, der nicht angerissen wurde."

Da mußte ich ihn haben. Es wäre ein kaum anzunehmender Zufall gewesen, wenn unter den dreihundert Goldstücken sich nicht ein einziges mit der Zahl eines der letzten acht Jahre gefunden hätte. Allein der fromme Mann war gewandt. Ruhig und unbefangen setzte er, fast ohne daß er sich unterbrochen hatte, hinzu:

„Aber ich habe eine Eigenheit; ich liebe die neuen, blanken Goldstücke, und wenn ich welche einbekam, so vertauschte ich damit ältere."

Ich schritt zur Vernehmung Heimann's. Es war auffallend, wie er mir gegenüber trat. Wer ihn nicht kannte, wer nichts von meinem Verdachte gegen ihn wußte, konnte in seinem Benehmen nur das Bewußtsein des schuldigen und auch seiner Ueberführung gewissen Diebes finden. Er war ängstlich, gedrückt und konnte mich nur scheu ansehen. Ich hielt ihn dennoch für unschuldig an dem Diebstahle, und von meinem früheren Verdachte in Betreff seiner früheren Verbrechen konnte er nichts wissen. Ich hatte ihn gegen keinen Menschen geäußert, am allerwenigsten gegen ihn oder seine Frau. Letztere hatte er übrigens seit gestern nicht wieder gesehen. Sein Benehmen war mir gleichwohl erklärlich und eine Bestätigung meines Verdachtes. Er war bei aller seiner Verschlagenheit, bei allen seinen Verbrechen muthig und rasch entschlossen und zugleich ein Mensch, in dem ein besseres Gefühl nicht ganz ausgestorben war. Schon jene Alles aufopfernde und Alles wagende Liebe für das Mädchen, das er verführt hatte, für seine Frau zeigte das. Solche Menschen können – ich hatte das oft erfahren – niemals lange dem Criminalrichter, dem Inquirenten gegenüber den Standpunkt des frechen Leugnens festhalten; ihr besseres Selbst trägt bald den Sieg über ihre Verbrechernatur davon. So war es unstreitig auch ihm früher ergangen. Er kannte sich. Schon das Gefühl, sich wieder in den Händen eines Inquirenten zu sehen, drückte, ängstigte ihn jetzt wieder. Allein ich inquirirte ihn nur über den Diebstahl, und er ermannte sich bald, denn hier fühlte er sich unschuldig.

„Sie werden beschuldigt, heute Nacht einen Raubanfall gegen den Einwohner Keller verübt zu haben."

„Herr Director, darf ich jener Nacht erwähnen?" fragte er und zeigte dabei auf meinen Protokollführer.

„Gewiß."

„Ich hatte Ihnen damals gleich gesagt, daß ich Verdacht hätte, wer der Dieb sei."

„Sie hatten es."

„Ich hatte Ihnen auch meine Verdachtsgründe angegeben."

„Ich erinnere mich."

„Der Einwohner Keller war der Mann, von dem ich sprach. Um mich zu überzeugen, ob ich Recht hatte, habe ich seitdem Nacht für Nacht an seinem Hause auf Wache gestanden. Ich dachte mir, der alte Dieb, der für sich allein lebt und nichts verzehrt, sei auch ein alter Geizhals, der seine zusammengestohlenen Schätze sich besehen und nachzählen müsse. Das werde er nur des Nachts thun, wenn er sich allein und vor Störung sicher glaube. Ich wollte ihn dabei ertappen, ihn überfallen und so wieder zu dem Meinigen kommen. Auf einem anderen Wege hätte ich es nicht wieder erlangt. Zwei Nächte wachte ich vergebens. Heute Nacht kam es, wie ich gedacht hatte, doch nicht ganz so. Der Dieb hatte nicht gewagt, das gestohlene Gut in seinem Hause zu verwahren; er hatte es draußen in seinem Garten vergraben, freilich gerade unter dem Fenster, an dem er schlief. In der Nähe dieses Fensters wachte ich. Es war auch heute Nacht dunkel in seiner Stube, wie in den beiden Nächten vorher. Aber bald nach Mitternacht hörte ich leise eine Thür im Hause gehen. Gleich darauf kam der Alte heraus in den Garten. Ich dachte anfangs, er wolle durch den Garten auf neue Verbrechen ausgehen; aber er blieb in der Nähe des Hauses und ging blos bis unter das Fenster seiner Schlafstube. Er hatte einen Spaten bei sich und fing an, mit demselben in dem Beete unter diesem Fenster zu graben. Nun wußte ich, was er wollte. Ich hielt mich in meinem Versteck ruhig, bis er mit Graben fertig war. Er hob etwas aus der Erde hervor. Ich zweifelte nicht, daß es mein Geld sei. Jetzt sprang ich auf ihn zu, entriß ihm mein Geld und wollte nun damit fort, aber er hielt mich fest und rief um Hülfe. Auf diesen Hülferuf kamen die Nachbarn herbei, und ehe ich mich von ihm losmachen konnte, hatten diese mich gefangen." Diese Erzählung klang für Jeden, der das Vorhergegangene nicht kannte, völlig erfunden; mir war sie desto glaubhafter. Auch der Protokollführer schenkte ihr Glauben, nachdem ich ihm meine Abenteuer in dem Heimann'schen Hause mitgetheilt hatte. Allein hier, zumal für den Augenblick, kam es auf etwas Anderes an. Die noch immer draußen harrende Menge mußte von der Wahrheit überzeugt werden, und nicht blos, um sie für den Augenblick zu beruhigen. Unzweifelhaft lag, wenn ich das von mir selbst Erlebte zu den Acten gab, die Sache schon jetzt so, daß kein Gericht Heimann als den Dieb bestrafen würde. Gleichwohl erklärte das allgemeine, tief und fest eingewurzelte Vorurtheil des Volkes ihn für den Dieb. Dieses Vorurtheil hielt dann jenen Richterspruch für einen ungerechten. Der Glaube an das Recht erlitt eine tiefe Erschütterung, – das schwerste Unglück, von dem ein Land betroffen werden kann! Das geheime Verfahren in der verschlossenen Inquirentenstube war nicht geeignet, das Vorurtheil zu vernichten, die Wahrheit zur allgemeinen Kenntniß zu bringen. Und doch lag mir Alles daran. Ich hatte zwar ein Mittel in der Hand: die an Ort und Stelle in dem Heimann'schen Garten von mir selbst aufgenommene Abbildung von dem Fuße des wahrscheinlichen Diebes. Ich hatte sie vorhin mit' dem Fuße Keller's nicht verglichen, um nicht dem vielleicht Unschuldigen einen kränkenden Verdacht zu zeigen. Ich mußte zuvor die Vergleichung an Heimann vornehmen. Ich that dies. Sie paßte nicht. Heimann hatte einen weit größeren Fuß. Der Keller's war, wie flüchtige Blicke mich schon vorläufig überzeugt hatten, kleiner, und zu ihm konnte die Abbildung wohl passen. Aber wenn sie auch auf das Genaueste paßte, was hatte ich gegen das Vorurtheil der Leute damit gewonnen? Ihnen war es ja geradezu unwahrscheinlich, daß Keller bei Heimann gestohlen habe. Und wie gern und leicht bricht das einmal erwachte Mißtrauen über alle Schranken hinaus! Ich hatte die Abbildung für mich allein aufgenommen; kein Mensch war dabei zugegen gewesen. Ich selbst, ich am meisten, mußte in den Verdacht einer mein ganzes künftiges richterliches Wirken vernichtenden Parteilichkeit gerathen. Es war wohl nur ein glücklicher Zufall, der mir einen anderen Gedanken gab. Ich vernahm zunächst noch die Nachbarn Keller's, die sein HIllfcrufen gehört hatten und als die ersten zu seiner Hülfe herbeigeeilt waren. Ich erfuhr von ihnen nichts Neues, nichts, was zur näheren Auskunft der Sache dienen konnte. Sie hatten in dem Kellcr'schen Garten, auf einem Blumenbeete unmittelbar am Hause, Keller und Heimann miteinander ringend angetroffen. Keller hatte Heimann gehalten, und Letzterer hatte bei ihrer Ankunft keinen Versuch weiter gemacht, zu entkommen. Keller hatte behauptet, Heimann habe ihm sein Geld geraubt; dieser dagegen hatte gesagt, daß Keller ihn bestohlen und er nur sein Eigenthum wieder geholt habe. Das Geld war in Heimann's Händen gefunden worden. Die Leute waren empört über die freche Aussage des auf der That ergriffenen Räubers, der einen braven, allgemein geachteten Mann zum Diebe machen wollte. Die Empörung war eine allgemeine; doch hoffte ich, sie bald vernichten zu können. Keller hatte nach Beendigung seines Verhöres in dem Gemeindehause bleiben müssen. In seine Wohnung hatte ich gleich nach meiner Ankunft im Dorfe ein paar Gensd'armen zur Bewachung gesandt.

Ich ließ den angeblich Beraubten wieder vorkommen. „Sie werden mich zu Ihrer Wohnung führen."

„Sehr wohl, Herr Director."

„Und die Stelle anzeigen, wo Sie Ihr Geld vergraben hatten." „Die Erde liegt dort noch umher."

„Haben Sie in derselben Gegend noch mehr Geld oder Kostbarkeiten vergraben?"

Er zuckte eben so unwillkürlich wie unmerklich mit den Augen, aber er antwortete ruhig: „Das war mein ganzes Bischen Armuth." Ich ließ den alten kleinen Bauer vorkommen, der vor mehreren Abenden mich zuerst auf Heimann aufmerksam gemacht und heute das größte Wort geführt hatte. Keller mußte in der Verhörstube bleiben. Ich befragte das alte Bäuerlein. „Es ist ein Vierteljahr her, daß Ihr bestohlen seid?"

„Ja, Herr."

„Nach Eurer Angabe sind Euch ungefähr achtzig Thaler gestohlen?"

„Achtzig Thaler, Herr, und ein goldener Ring."

„In welchen Münzsorten war das Geld?"

„Es waren Thalerstücke. Zwei Mannsfelder Thaler waren darunter."

„Wie hattet Ihr das Geld verwahrt?"

„Es lag in einem alten ledernen Beutel."

„Ist der Beutel mit gestohlen?"

„Ja, Herr."

„Wie sah der goldene Ring aus?"

„Es war der Trauring meiner seligen Frau, die Buchstaben F. K. waren hineingegraben."

Der Einwohner Keller war während dieses kurzen Verhörs ausfallend unruhig geworden. Er blickte fortwährend fromm zum Himmel empor und demüthig zur Erde nieder.

„Ihr begleitet mich zu dem Keller'schen Hause," fuhr ich zu dem alten Bauer fort.

„Wie der Herr befiehlt"

„Ihr könnt mir auch einen Gefallen thun."

„Von Herzen gern, Herr."

„Es werden noch mehrere Personen anwesend sein, die in letzterer Zeit bestohlen sind."

„O, genug, Herr."

„Ihr könnt sie mitbringen."

„Sie werden mitkommen."

„Laßt uns aufbrechen."

Der angeblich Beraubte war noch einen Augenblick sehr blaß geworden, dann zeigte er auf einmal die größte Ruhe und Sicherheit? Wußte er sich wirklich sicher? Oder hatte er sich mit jenem stillen, halb verzweiflungsvollen Trotze bewaffnet, mit welchem der Verbrecher der drohenden Gefahr der Entdeckung gegenüber sich und Andere sicher zu machen sucht?

Wir brachen nach seiner Wohnung auf. Draußen vor dem Gemeindehause harrte erwartungsvoll die Menge. Der kleine alte Bauer war schon in sie hineingestürzt, mitzutheilen, daß ich zu der Wohnung des Beraubten wolle, und in meinem Auftrage seine ebenfalls bestohlenen Genossen zur Begleitung dahin aufzufordern. Eine brennende Neugierde verzehrte die sämmtlichen Anwesenden, was ich in dem Hause wolle, was die Bestohlenen dort sollten. Hunderte von Menschen folgten uns nach dem Hause. Das hatte ich gewollt. War ich auf der richtigen Spur, so konnte ich nicht Zeugen genug haben. Ich ging an dem Hause Keller's vorbei und begab mich sofort in den Garten. Keller, der kleine Bauer, die anderen Bestohlenen mußten mir hineinfolgen. Die Menschenmenge mußte draußen bleiben. Sie kletterten neugierig auf die Hecken, in die Bäume der Nachbargärten. Sie wollten Alles sehen, was in dem Garten passirte, und sie sollten Alles sehen. Heimann hatte ich in dem Gefängnisse des Gemeindehauses unter Wache zurückgelassen. Ich ging mit den Personen, die mir in den Garten gefolgt waren, zu der Stelle, wo das Geld vergraben gewesen war. Sie war unmittelbar unter einem Parterrefenster des Hauses. Das Fenster gehörte zu der Wohnstube Keller's, die ihm zugleich zum Schlafgemach diente. Es zog sich dort ein schmales Blumenbeet an dem Hause vorbei. Die Blumen waren sorgfältig gepflegt, und mehrere an kleine weiße Stäbe angebunden. Ich besichtigte zuerst den Platz, wo das Geld gelegen hatte. Es war nur ein kleines Loch in die Erde gegraben, die aufgeworfene Erde lag noch daneben. Das aufgeworfene Loch befand sich gleich rechts an einem Rosenstock. Der Rosenstock gehörte zu denjenigen Blumen, die an die kleinen, weißen Stäbchen angebunden waren.

„Dort war Ihr Geld vergraben?" fragte ich den Eigenthümer des Hauses und des Gartens, indem ich auf das Loch zeigte.

„Ja, Herr."

„Und Sie haben in diesem Garten, in diesem Beete, kein anderes Geld, keine sonstigen Kostbarkeiten vergraben?" „Nein, Herr, ich sagte es Ihnen schon." Er sprach mit jener wirklichen oder ertrotzten Sicherheit.

Drei Fuß von dem Rosenstock stand ein Büschel Schwertlilien, sie waren gleichfalls an ein kleines weißes Stäbchen gebunden. Ich ging hin und winkte einen der Gerichtsexecutoren herbei. „Executor, nehmen Sie den Spaten."

Einer der Gensd'armen, die ich zur Bewachung des Hauses hingeschickt, hatte den Spaten, mit dem das Loch gegraben war, in Verwahrung genommen, er gab den Spaten dem Executor. „Graben Sie hier ein Loch, Exccutor." Ich zeigte nach dem Büschel Schwertlilien.

Die Bestohlenen sahen mich und dann sich untereinander verwundert an.

„Was mag er wollen?" fragten sie sich leise. Sie fragten es lauter.

„Was ich will?" nahm ich mit erhöhter Stimme das Wort. „Der Mann, den wir Alle jetzt für den Dieb und Räuber halten, behauptet, nicht er, sondern dieser, den wir für den Bestohlenen halten, sei der rechte Dieb. Die Gerechtigkeit, ehe sie einen Menschen verurtheilt, fordert, daß Alles untersucht werde, auch Alles, was der Angeschuldigte behauptet, und sollte es Anderen noch so ungereimt klingen. Man ist ihm das schuldig. Seit einem halben Jahre sind in dieser Gegend mehrere Diebstähle vorgefallen. Ihr Alle vermuthet, und die Vermuthung hat viel für sich, daß überall eine und dieselbe Person der Thäter sei. Ist nun die Behauptung Heimann's richtig, daß Keller ihm sein Gelo gestohlen habe, so hat Keller auch andere Diebstähle verübt. Dann muß sich ferner auch Folgendes finden: Wie der Dieb, um seiner Sicherheit willen, namentlich wenn bei ihm eine Haussuchung stattfinden sollte, jene dreihundert Goldstücke hier in dem Garten vergraben hatte, wo kein Dritter sie vermuthen konnte, so wird er auch das übrige gestohlene Gut hier verborgen haben. Und wie das weiße Stäbchen, an das die Rose dort festgebunden ist, ihm zum Wahrzeichen für das Wiederfinden dienen konnte, so kann es auch mit den anderen Stäbchen der Fall sein. Graben Sie, Executor."

Die Bauern wollten mich wohl kopfschüttelnd ansehen. Aber als sie dann den angeblichen Beraubten, Keller, ansahen, wie den frommen Mann unterdeß auf einmal alle seine Ruhe, all sein Trotz verlassen hatte, wie er leichenblaß geworden war, wie er zitierte, und wie er sogar vergaß, fromm zum Himmel und demüthig zur Erde zu blicken, da schüttelten sie die Köpfe nicht mehr, ihre Gesichter wurden bedenklich, sie wurden sehr still und sahen mit der gespanntesten Erwartung nach dem Executor mit dem Spaten. Und auch rund um den Garten, wo man meine Worte gehört hatte, war die tiefste, erwartungsvollste Stille eingetreten.

„Hier rechts von der Blume graben Sie, Executor."

Ich sprach es laut, daß Alle es hören konnten. Der Executor grub. Keller wurde zusehends blässer, und ich um so sicherer, daß ich auf der richtigen Spur war.

„Drei Fuß rechts von der Blume, Executor. Gerade so weit war auch jenes Geld von der Rose entfernt."

Keller konnte sich kaum noch aufrecht erhalten. Der Executor hielt an mit Graben.

„Was gibts?"

„Ich stoße auf etwas Hartes."

„Graben Sie es los." Er grub weiter.

„Es ist ein Topf."

„Nehmen Sie ihn heraus."

Er holte einen Topf aus der Erde hervor und übergab ihn mir. Ich nahm den Deckel ab. In dem Topfe lag ein lederner Beutel, den ich herauszog. Er war gefüllt. Ich hielt ihn in die Höhe, daß Alle ihn sehen konnten.

„Mein Beutel!" rief der alte kleine Bauer, der heute das größte Wort geführt hatte.

„Irrt Ihr Euch nicht?"

„Mein Beutel! Es müssen achtzig Thaler darin sein, gerade achtzig, in harten Thalerstücken, darunter zwei Mannsfelder Bergsegen."

„Wir werden zählen."

„Und auch mein Ring muß darin sein, wenn der Spitzbube ihn nicht anders untergebracht hat."

Ich öffnete den Beutel und zählte das Geld, offen, laut, daß alle Anwesenden folgen konnten.

„Achtzig Thaler, gerade! Und hier sind auch die beiden Mannsfelder."

Auf dem Grunde des Topfes lag noch ein zusammengewickeltes Papier, das ich gleichfalls vorzeigte.

„Das wird mein goldener Ring sein!" rief der alte Bauer.

„Beschreibt ihn."

„Der Trauring meiner seligen Frau, die Buchstaben F. K., müssen darin stehen."

Ich öffnete das Papier. Ein goldener Trauring lag darin, er trug die Buchstaben F. K. Alle sahen es.

„Mein Ring!" rief der Bauer.

Die Bauern um mich her standen wie erstarrt. Aber draußen an der Hecke des Gartens brach der Zorn, die Wuth des Volkes desto lauter, stürmischer, wilder los. Zu der Wuth gegen den endlich entdeckten wahren Dieb kam der Zorn, daß sie sich hatten täuschen lassen, daß sie einen Unschuldigen für den Dieb gehalten hatten.

„Der Heuchler, der Schleicher, der Räuber! Er muß gehängt werden! Der höchste Galgen ist für ihn noch nicht hoch genug!"

Der entdeckte Dieb stand vernichtet. Einen Augenblick noch wollte er einen Versuch der Rettung machen. Es war der letzte Versuch der Verzweiflung, der Strohhalm, nach dem der Ertrinkende greift.

„Ich weiß von nichts," stammelte er. „Das hat ein Anderer gethan, um mich unglücklich zu machen. Der Heimann selbst –"

Aber da sprang wüthend das kleine alte Bäuerlein vor. „Schurke, Dieb, Räuber! Hat er Dir auch die dreihundert Goldstücke hierher gebracht und hier, recht dicht unter Deinem Fenster vergraben?"

Das Argument war schlagend genug.

„Graben wir weiter," sagte ich. „Wir müssen noch mehrere Schätze finden."

Aber der entdeckte Bösewicht konnte sich nicht mehr halten, und das Volk umher wurde lauter, drohender. Er mußte Gewalt gegen sich, die roheste Gewalt befürchten, wenn er fortfuhr, zu leugnen, und das weitere Nachgraben auch seine anderen Verbrechen herausstellte. Hatte er doch die Volkswuth in gleicher Weise gegen den unschuldigen Heimann aufzustacheln gewußt! Seine letzte Kraft war in ihm gebrochen.

„Ich will Alles bekennen!" sagte er. „Ich habe auch die andern Diebstähle begangen, ich allein, und all das gestohlene Gut ist hier vergraben, neben den weißen Stäbchen."

Es fand sich, wie er sagte. Er war ein alter, diebischer Geizhals.

Die Wuth des Volkes war befriedigt. Das Geständniß des Verbrechers hat eine magische Wirkung, es söhnt ihn mit sich und mit den Menschen aus. Das ist die Kraft des sittlichen Elements im Menschen.

Ich ließ den Verbrecher in das Gefängniß des Gemeindehauses abführen. Es konnte ohne Störung geschehen. Die Menge war sogar sehr still geworden. Jener Befriedigung war die Scham über das eigene Unrecht gefolgt, das sie einem Schuldlosen zugefügt hatten.

„Herr," trat verlegen das alte, kluge Bäuerlein auf mich zu, „Volkesstimme ist doch nicht immer Gottesstimme. Aber," fügte er, sich und die Anderen entschuldigend, bei, „warum trägt der Mensch das Kainszeichen im Gesicht? Denn das hat er, dabei bleibe ich."

„Ja, das hat er," mußte ich unwillkürlich bestätigen. Und ich mußte mich zusammennehmen, um nicht ebenfalls laut hinzuzusetzen: „Und die Volkesstimme ist doch Gottesstimme."

„Will der Herr den Bauer Heimann nicht freilassen?" fragte mich der Bauer.

„Ich weiß es noch nicht."

Die Leute sahen mich wieder erstaunt an. Sie mußten auch die Trauer sehen, die sich meiner jetzt mit doppelter Gewalt wieder bemächtigt hatte.

„Was ist es?"

„Geht nach Hause, Leute. Ihr habt heute den Sieg des Rechts gesehen. Vertraut immer dem Rechte. Es wird zuletzt immer siegen, wenn es auch noch so gewaltsam, noch so lange unterdrückt werden sollte, wenn selbst die es unterdrücken und zu tödten suchen, die es wahren und pflegen sollen. Geht jetzt Alle ruhig nach Hause. – Was hier noch weiter sein wird? Gott gebe, keine neuen Verbrechen." –

Sie gingen, ruhig, still. Auch ich ging still, sehr still, aber in mir war es desto unruhiger. Ich ging wieder einer der schwersten Stunden entgegen, die der Criminalrichter für sein Menschenherz hat.

Auch die Frau Heimann hatte ich in dem Gemeindehause zurückgelassen; ich begab mich dahin und ließ die Frau zu mir vorführen. Sie wußte schon, daß die Unschuld ihres Mannes erkannt, daß der rechte Dieb aufgefunden war. Das ganze Dorf wußte es ja. Sie trat mit einer stillen, demüthigen und

doch so erhabenen Freude, den schlafenden Säugling auf dem Arme, zu mir
ein, die Unglückliche!

Hätte ich nur das Kind aus ihrem Arme entfernen können!

Auf das Haupt einer Mutter den Todesstreich führen, während sie den
Säugling auf den Armen trägt, davor bebt selbst der Mörder zurück. Das
Amt ist kälter. Es muß es sein.

Das schöne, blasse Gesicht der Frau erblaßte tiefer, als sie den tiefen
Schmerz in meinem Gesichte sah. Tauchte die nächste schreckliche Minute
in ihrem Herzen auf?

Eine Minute nur, aber die Vernichtung ihres ganzen Lebens! Eine Minute,
die sie von ihrem Gatten, von ihren Kindern, von dem Säugling an ihrer
Brust, die sie von dem Leben, von Allem riß, von Allem, nur nicht von den
entsetzlichen Mauern des Zuchthauses! Ich konnte sie, ich konnte mich
nicht länger martern.

„Heißen Sie Madline Lenuweit?" fragte ich sie.

Ich hatte mir Gewalt anthun müssen, mit meiner zitternden Stimme die
Worte auszusprechen.

Sie brachten einen furchtbaren Eindruck auf die Frau hervor. Sie sah mich
starr an. Ihr ganzer Körper war erstarrt, nur die Hände, mit denen sie das
Kind hielt, drückten sich krampfhaft zusammen.

„Und Ihr Mann," mußte ich unbarmherzig fortfahren, „heißt Ansos
Szellwat?"

„Allmächtiger Gott!" schrie sie.

Das Kind glitt aus ihren Armen; sie fiel nieder. Ich nahm das Kind auf.

Sie sprang wieder empor. „Gnade, Gnade!" rief sie. „Gott im Himmel,
lieber, lieber Gott im Himmel, sei du gnädig!" Sie warf sich zu Boden, und
umfaßte meine Kniee. „Herr, Herr! lieber Herr! O, haben Sie Gnade, haben
Sie Barmherzigkeit mit meinem Mann, mit mir, mit meinen Kindern!"

Es war ein entsetzlicher Augenblick. Es war mir, als müßte ich mit der Frau
zusammenbrechen. Sie faßte sich. Das Weib, die Mutter, sie haben eine
ungeheure Kraft in ihrem Herzen.

„Herr, Herr, Sie wissen Alles! Ja, wir sind die Verbrecher. Aber seien Sie
barmherzig! Seien Sie gnädig! Gegen meinen Mann, wenn Sie es gegen mich
nicht sein können. Er that ja Alles nur für mich, nur aus Liebe zu mir. Und
er ist wieder so brav geworden. Wir waren fünf Jahre drüben über dem
weiten Meere. Wie hat er gearbeitet, sich gequält, nur für mich! Für meine
Tage wollte er sorgen, wenn er nicht mehr bei mir sein könnte. O, er dachte
oft an diese Stunde, an das, was jetzt geschehen ist. Aber anders. Nur ihn,
meinte er, müsse es treffen, er könne seiner Strafe nicht entgehen, er fühlte
es. Sein schweres Verbrechen brannte ihn. Das Feuer! Und nur für mich hat
er es begangen! Und er war so ehrlich geworden, so treu! Kein ungerechter
Pfennig ist an dem Gelde, das er erworben, so sauer erworben hat. Und nur
um meinetwillen ist er hierher zurückgekehrt. Ich konnte es in dem

fremden Lande nicht mehr aushalten, so weit, weit weg. Ich mußte wieder näher bei der Heimath sein. Und ich habe ihn in das Unglück gebracht! – Herr, Herr, seien Sie barmherzig! Können Sie es denn nicht sein?"

Ich konnte es nicht sein. Aber ich konnte auch den Anblick des Unglücks, der Verzweiflung der Frau nicht mehr ertragen und ließ sie abführen, um – Zeuge einer neuen Verzweiflung zu werden!

Ich mußte auch ihren Mann, Heimann, Ansos Szellwat, vernehmen; er war noch in der Haft, in dem nämlichen Gemeindehause. Ich wollte ihn vorführen lassen, aber ich war selbst zu sehr angegriffen und mußte mich zuerst einige Minuten erholen; dann befahl ich einem Executor, den Bauer Heimann aus seinem Gefängnisse herbeizuholen.

Ich sollte nicht mehr Zeuge der Verzweiflung des Unglücklichen sein. Seine Frau war, als sie aus dem kurzen Verhöre zurückgeführt wurde, an seinem Gefängnisse vorbeigekommen und hatte ihm rasch durch die verschlossene Thür einige Worte in einer fremden, unbekannten Sprache zugerufen, in jener fremden Sprache, in der die Beiden, wenn sie sich ganz allein und unbelauscht glaubten, heimlich mit einander geredet hatten. Sie hatte ihm jetzt offen und laut darin zugerufen, Worte des Todes in den Lauten ihres Landes, ihrer Eltern, ihrer Kindheit, ihres Glückes, ihres Herzens!

Als der Executor, der ihn zu mir führen sollte, die Thür seines Gefängnisses öffnete, fand er den Unglücklichen in dem Gefängnisse erhängt; er war schon eine Leiche.

Seine Frau, Madline Lenuweit, sollte den Gerichten ihrer Hcimalh ausgeliefert werden; aber ihr Herz war gebrochen. Jene Schläge waren für die seit Jahren leidende Frau vernichtend gewesen. Sie starb nach wenigen Wochen. –

Ist Volkesstimme immer Gottesstimme?